A COLLECTION OF IDEAS
DRIED FLOWERS

ドライフラワーの活け方

植物生活編集部　誠文堂新光社

prologue
はじめに

　経年変化を重ねた、時を感じさせるドライフラワー。
　最近では、さまざまな植物を、きれいなドライフラワーにすることができるようになりました。
そのため、デザインの幅も広がり、一輪で見せることから大きなアレンジメントをつくるまでたくさんの方法が生まれています。
　生花を活けるように、ドライフラワーも制作することが多くなったいま、本書ではその作り方や、どのようなプロセスでそのデザインに至ったかなどを「ドライフラワーの活け方」として紹介しています。
　ウェブサイト「植物生活」に参加している37人のフローリスト・アーティスト・デザイナーが生み出すデザインと、その個性的な発想をご覧いただき、ドライフラワーの新たな一面を感じていただければ幸いです。

contents

植物生活 technical works

- 008　基本のドライフラワーの作り方
- 009　ドライフラワーを長く楽しむために
- 010　乾燥剤でドライフラワーを作る
- 012　ドライフラワーをワイヤリングする
- 014　パーツを作ってリースを仕上げる方法
- 016　ガラスフレームアレンジの作り方
- 018　押しドライフルーツの作り方
- 019　木の実をつかったリースの作り方
- 020　スワッグにひと手間加える1　リボンワーク
- 021　スワッグにひと手間加える2　着色

植物生活 originals

- 024　ドライフラワーのそれぞれの形

植物生活 indivisuals

- 186　作家紹介、それぞれのインスピレーション
- 223　植物生活とは

植物生活

CHAPTER 01

technical works

飾ること、贈ることを想像し、
完成への過程を一つひとつ、たどっていく。
時に誰かの顔を思い浮かべながら、ていねいに手を動かす。
より心の込もったものに仕上げるための大事なポイントを紹介。

dry flower technical works 01
基本のドライフラワーの作り方
recipe；制作・レクチャー・高野のぞみ NP

花材・資材

バラ／ハサミ
輪ゴム／S字フック

01. きれいにドライにするには短時間で乾燥させることがポイントとなる。梅雨時期や、湿気の多い夏、結露が発生する冬はカビ発生に注意が必要。

02. 早くきれいに乾燥させるため、余分な葉や茎はカットする。咲ききっていない新鮮な花を使う。咲ききってしまった花は乾燥すると花びらが落ちてしまうので取り除いておく。乾燥中も花は開くので、蕾からある程度花が開いたものを使う。

03. 輪ゴムや茎にフックを通す。一本ずつ、または少量の束にする。乾燥すると茎が縮むので、輪ゴムを使うと抜け落ち防止になる。蒸れやカビ防止のため少量でまとめるのがポイント。

04. 直射日光を避けた風通しの良い場所に吊るす。エアコンやストーブの近くなどは早く乾燥する。風を循環させることも大切。バラなど小さなものは洗濯バサミの付いた物干しを使うと簡単。

dry flower technical works 02
ドライフラワーを長く楽しむために

recipe；制作・レクチャー・高野のぞみ NP

01	02
03	04

ドライフラワーをきれいに長持ちさせるには、直射日光や湿気を避けた風通しの良い場所で保管し、ほこりなどはこまめに取り払い、カビや虫がつかないよう気をつけることが基本となる。

01. 市販の防虫スプレーや硬化液を使う。使用時は、換気やまわりの火気に十分に注意すること。ここではネオシール、ネオマーボンを使う。

02. ボロボロと落ちやすいミモザやライスフラワー、綿毛が舞いやすいパンパスグラスなどにスプレーするだけで、花落ちや色落ちを防ぐことができる。

03. 防水効果もあるので湿気を吸いにくくなり、カビ防止も期待できる。でき上がった作品にスプレーして仕上げる。

04. 防虫しておくことも長持ちの秘訣。また、静電気防止効果もあるのでほこりがつきにくくなる。

dry flower technical works 03
乾燥剤でドライフラワーを作る
recipe；制作・レクチャー・植物生活編集部

花材・資材
───────────────
バラ（2種類）／クラスペディア／マーガレット
気密性の高いプラスチックケース
ドライフラワー用乾燥剤（シリカゲル）
ハサミ／ピンセット／スプーン

01	04	07
02	05	
03	06	08

発色のよいドライフラワーを短時間で作りたい時に、おすすめの方法。

01. 準備するものは、市販のドライフラワー用乾燥剤、ピンセット、スプーン、ハサミ、大きめの密閉できる容器。

02. 生花からドライフラワーにする花はこちら。左からバラ（2種類）、クラスペディア、マーガレット。

03. 茎や葉をデザインに使わない場合は、あらかじめカットしておく。ここでは花首でカットする。

04. ドライフラワー用乾燥剤を敷いたプラスチックケースに各花材を並べていく。埋めるような感じで深めにすること。

05. それぞれの花の上から乾燥剤をかける。スプーンを使い花弁の隙間にも丁寧に入れていく。花弁が細かい花ほど丁寧に作業することが大切。

06. 花弁の隙間に乾燥剤が入りきったら、さらに上から全ての花が隠れるくらい乾燥剤をかけ、完全に埋めていく。しっかりと乾燥させるために、多めに乾燥材を使う。

07. 全体をなじませてプラスチックケースの蓋を閉め、一週間くらい寝かせる。埋めた花は乾燥剤の上からプレスしない。

08. 1週間後、マーガレットはこんな具合に。ふんわりとした形をキープしながら雰囲気も色合いも素敵に仕上がった。

dry flower technical works 04
ドライフラワーをワイヤリングする
recipe；制作・レクチャー・高野のぞみ NP

ドライフラワーをワイヤリングすることで、短い枝や曲がった枝、茎が弱いものや茎のないものなど、ワイヤーを使って長さを出すことができ、作品の幅が広がる。ブーケやコサージュなどキュッとまとまったものを作る時にも適している。

01. 必要なものを用意。ワイヤーやフローラルテープは手芸店でも購入できる。

02. 枝分かれした茎には、Uの字に曲げたワイヤーを引っ掛けるように通し、茎に巻きつけていく。

03. ワイヤーの上からフローラルテープを巻く。引っ張りながら下に向かって巻くのがポイント。テープは花や茎の色や用途に合わせた色を使う。

04. 頭が大きく重たいものは、細い棒（ここでは長い竹串）を使う。ワイヤーで竹串と枝をしっかりと巻きつける。

05. ワイヤーを巻き終わったらフローラルテープを巻く。しっかりと固定させるため、さらにワイヤーを重ねる。

06. 曲がった枝は短く切り、ワイヤリングする。茎の短いものも同様にワイヤーとフローラルテープを巻く。

07. 茎のないものはワイヤーをグルーガンで付ける。ワイヤーの先に小さな輪を作り、90度に曲げる。ヘリクリサムのような軽い花に向いている。

08. 茎の付け根にグルーを付け、丸めたワイヤーを置く。固めるまで待ったあと、フローラルテープを巻く。

09. 完成。

花材・資材

アジサイ／リューカデンドロン／ブルモサム
ヘリクリサム／スターチス／ミモザ
スプレーブルニア／ワイヤー（#24、26、28)
フローラルテープ／長い竹串／グルーガン／ハサミ

dry flower technical works 05
パーツを作ってリースを仕上げる方法
recipe ; 制作・レクチャー・ルフルロン 中本健太

01	04	07
02	05	
03	06	08

花材・資材
ユーカリ(グニー、パルブラ)／ヒカゲカズラ／グレビレア'アイヴァンホー'／グロボラス／木の実／リースベース

01. 制作するリースの大きさや色などから、土台を選ぶ。完成時にリースの裏側から少し土台が見えるので、制作リースの色合いに近いものの方が好ましい。

02. 吊るすための紐を先に付ける。紐のほかに、リボンやワイヤー、つる枝、毛糸や端切れ布など、制作するリースの雰囲気に合わせて遊んでみるのも楽しい。

03. グリーン数種をまとめて小束を作る。これをつなげてリースの形とするので、制作するリースの大きさで小束の数は変える。小束は乾燥したときに痩せることと、土台を隠す目的を考え、ボリュームを出して扇型に作る。

04. 土台の吊るす紐を上にして、パーツを一つずつ付けていく。付けていく方向は、時計回り、半時計回り、どちらでもよい。写真では、半時計回りにつけていき、仕上がりは時計回りの流れ(向き)になる。

05. 小束の結束部分にワイヤーを巻いて土台に付ける。この時、パーツが外れないようにワイヤーをしっかり絞る。ワイヤーはカットせず、見えている結束部分は隠して、自然につながっているように次のパーツを合わせていく。同じ作業を繰り返す。

06. リースの側面も注意する。横から見たときに土台が見えていないか注意する。土台が見えていたりパーツが独立しているように見える場合は、グリーンを傾けて調整する。

07. リース型になるようにパーツをつなげていく。重たい実などを入れたい場合は、パーツの小束にあらかじめ入れておく。

08. グルーガンで、軽い実や繊細なドライなどを付けていく。葉先に付けたりグルーが足りなかったりすると、グルーが固まってもすぐに取れてしまうので、安定した場所にしっかりと付ける。全体のバランスを見ながら完成させる。

ガラスフレームアレンジの作り方

recipe；制作・レクチャー・植物生活編集部

01	04	07
02	05	08
03	06	

01. 好きな花材、ガラスフレームを用意。

02. ガラスフレームの下から順に花材を入れていく。

03. 実もの（ここでは市販のアフリカンプランツミックス）と、ドライフラワーの色合いを考えながら構成する。

04. ワイルドフラワーの存在感、花弁の色鮮やかさなどを考慮し、バランス良く配置していくことが重要。四隅や上下が偏らないように。

05. 裏側に枝を効果的に挟んで花留めにする。対角線上に、花と花の間に枝を交差するように入れると、ほどよい隙間をキープしながら中身のズレを防ぐことができる。

06. ふわふわな質感のドライのスモークツリーを挟み込んで、隙間を埋めていく。鮮やかな花の周りに入れると柔らかい雰囲気に。

07. 裏側はこのようになり、花材も落ちることはない。

08. 完成。

花材・資材
ガラスフレーム 市販のアフリカンプランツミックス ドライフラワー数種

dry flower technical works 07
押しドライフルーツの作り方

recipe ; 制作・レクチャー・高野のぞみ NP

花材・資材

オレンジ／キウイ
よく切れる包丁
キッチンペーパー
新聞紙／押し花シート
乾燥シート／乾燥剤
ジップロック／重石

押しフルーツは、コツさえ掴めば簡単に作ることができる。なかでもオレンジやキウイはきれいに作れるのでおすすめ。

01. 新鮮なフルーツをよく切れる包丁で3～5mmくらいにスライスする。薄すぎると破れたり穴が開いてしまうので注意。厚くカットすると乾燥するのに日にちがかかってしまう。

02. カットしたフルーツはキッチンペーパーでよく水気を取る。厚めに用意した新聞紙とキッチンペーパの間に挟み、雑誌などを重しにしてある程度水分を抜く(半日くらい)。オレンジの果肉は指で少し潰しておくと良い。ポイントは、湿ったらすぐにキッチンペーパーや新聞紙を変えること。1～2時間に一度くらいが目安。

03. ある程度水分が取れたら、押し花専用シートに挟む。乾燥シート、クッションシート、フルーツと層になるように挟む。ある程度の隙間を開けて並べること。押し花シートを使うことで、早く乾燥させることができ、色もきれいに仕上がる。

04. 何層かにして専用の袋(ジップロックなど)に入れ重石を乗せる。乾燥シートはすぐに水分を吸収するので、湿ったら電子レンジなどで乾かし、また挟むというのを繰り返す(シートの電子レンジ使用については注意書きなどを読んで適切に使用すること)。乾燥シートは2セットあると便利。

05. まめに乾燥シートを交換するのがきれいに仕上げるコツ。オレンジは中の粒が完全に乾燥するまで乾かす。完全に乾いたらでき上がり。乾燥剤(シリカゲル)と一緒にジップロックなどに入れて保存する。キンカン、イチゴ、ドラゴンフルーツなども簡単にできる。あくまでも観賞用なので、食用には利用できない。

dry flower technical works 08

木の実を使ったリースの作り方

recipe；制作・レクチャー・ルフルロン 中本健太

花材・資材

キンポウジュ
コアラファーン
グレビレア
'アイヴァンホー'
ヤシャブシ
アンデスの実
コットンフラワー
木の実／リース土台
ワイヤー

01. 数種のグリーンと、選定鋏・ニッパー・ワイヤー・リース土台を用意する。

02. グリーンで小束を作り、リース土台にワイヤーで巻きつける。

03. 02.の作業を繰り返す。土台、ワイヤーを隠すように。

04. 葉の流れや向きなどの調整をしてベースの完成。

05. 形・色のバランスを見ながら木の実を配置していく。

06. 木の実とベースのグリーンが一体化するように整えて、完成。

dry flower technical works 09

(スワッグにひと手間加える1) リボンワーク

recipe；制作・レクチャー・高野のぞみ NP

花材・資材

スワッグ／麻紐
フローラルテープ
コットンリボン
ワイヤー
ラジオペンチ
ハサミ

01	
02	03
04	

01. スワッグは麻紐などでしっかりとまとめる。プロテアなど大きな花や太い茎や枝などはワイヤーでまとめラジオペンチで締めると崩れにくい。

02. 麻紐やワイヤーで束ねた部分をフローラルテープで巻いていく。フローラルテープは引っ張りながら巻く。ほどよい粘着力がリボンのずれや崩れの防止になる。

03. テープ部分をカバーするようにリボンを巻いていく。後ろ部分からもテープが見えないよう配慮する。

04. キュッと結んででき上がり。リボン結び、片結びなどスワッグとのバランスをみて、結び方は自由に。コットンやシルク、レザーなどナチュラルなテイストの素材でも楽しめる。

(スワッグにひと手間加える2) 着色

recipe；制作・レクチャー・高野のぞみ NP

dry flower technical works 10

01. ドライフラワーは花材によって着色したり漂泊することができる。スプレーする前に、ほこりやゴミはきれいに取り除いておく。スプレーはホームセンターで売っているホビー用のものを使用。

02. 新聞紙の上で好みの色になるようにスプレーする。天気の良い日に野外で行うこと。葉の表と裏、横などにも注意して色付けし、作業後風通しの良い場所で乾かす。

03. 葉の線や形が浮き出れば美しい仕上がりに。おもに屋内で鑑賞するものなので、匂いの少ない塗料にするのがおすすめ。ドライ素材にはなかなか無いツヤ感なども出すことができる。

花材・資材
アカレヤシ／ソテツ／リビストニア
アクリルスプレー ホワイト
ゴールド

植物生活

CHAPTER 02

originals

四季折々のドライフラワー草花と
触れ合うことから生まれる想い。
自然を愛でる気持ち。
37名の作家がそれぞれのかたちに作り上げた。

FILE 001 ドライフラワーのそれぞれの形

ふわふわ。飛べそうなブーケ。

花材・資材

バンクシア・プリオノート
グレビレア゛スパイダーマン゛
レースフラワー　ナズナ
ユーカリ゛ベイビーブルー゛
テールリード　パンパスグラス
ソテツ　銀鶏羽

recipe；制作・高野のぞみNP

バンクシアの色合いや、葉の形をそのまま生かしてシンプルに。アクセントにはピンクのテールリードを。ソテツがフェザーと相まって翼のように見えるように。制作のテクニックとしては、大きなドライフラワーはワイヤーでしっかりとまとめて崩れないようにする。主張しすぎない色合わせがポイント。

FILE 002 ドライフラワーのそれぞれの形

recipe ; 制作・山本 雅子　写真・宮本剛写真事務所

花材・資材
パンパスグラス スズバラ

花の表現で、生と死をあらわせないものか。ドライフラワーを亡骸に見たて、ガンジス川に流すイメージで制作。色とりどりの花材と川の流れる「時間」。ドライフラワーの死生観をもって、有と無を対比させたような作品にした。

過ぎ去る時間

FILE 003　ドライフラワーのそれぞれの形

花材・資材

鏡のフレーム
ドライフラワー用フラワーフォーム
パンパスグラス／トックリヤシ
スズバラ／アレカヤシ／バショウ
ハスの実／バラ／アジサイ
バンクシア／ケイトウ
ユーカリ・ポポラス／レモンリーフ

recipe；制作・山本 雅子　写真・宮本剛写真事務所

川を流れるドライフラワーで、時間を表現した。空の蒼、水の青のなかでドライフラワーがどのように活きるかを試した、実験的な作品。たくさんの花材を使いながら、色のトーンなるべく統一できるように心がけた。

生きた自然との対比

FILE 004 ドライフラワーのそれぞれの形

よく観察すること

recipe ; 制作・田部井 健一・Blue Blue Flower

ドライフラワー花材としては、あまり積極的に使われることはないであろう花材で活けた。花だけでなく、茎の曲がりや葉のおもしろさをよく見て、楽しみながら絵画を描くように配置している。

花材・資材

アンスリューム／ダリア／アネモネ

異なる質感の組み合わせを楽しむ

recipe；制作・深川瑞樹　ハナミズキ

ユーカリとスターリンジャーの小束を、布巻きリースベースに、巻いて重ねて巻いて重ねて。エンド部分に白い花で作ったミニスワッグ（コサージュ）を組み合わせて、シンプルなデザインのアクセントにした。組み合わせていく小さな花のパーツを、一つひとつ丁寧に仕上げることで、リースとして完成した時により美しくなるように。

| 花材・資材 | ユーカリ／スターリンジャー／セルリアリューカデンドロン／布／リースベース |

recipe ; 制作・山下真美　hourglass

ナチュラルやスタイリッシュなスタイルに合うスワッグ。アースカラーを中心に制作した。壁掛け用に、またはそのままブーケとして持てるようにシンプルにした。バンクシアをグルーピングして、シンプルではあるが、少しインパクトを残せるようにデザイン。オレンジ色になる前のグリーンのホオズキを入れて、よりナチュラルに仕上げているのがポイント。

花材・資材

バンクシア／プロテア
ユーカリ・テトラゴナ／ホオズキ
アワ／スターリンジャー
グレビレア・バイレヤナ
スモークグラス

FILE 006　ドライフラワーのそれぞれの形

日々の暮らしに馴染むように

FILE 007 ドライフラワーのそれぞれの形

心ときめくままに束ねていく

【花材・資材】

リューカデンドロン・アージェンタム
フィリカ・プルモーサ
ルリタマアザミ／ルナリア
スティファ／パンパスグラス
ユリの実

recipe ; 制作・高野のぞみ NP

それぞれの美しさをシンプルに重ねるだけ。
それぞれの表情が良く見えるように。

存在感のあるネイティブフラワー

recipe；制作・高野のぞみ NP

男性へ開店祝いとして制作した。持ち手をレザーにすると引き締まった印象になり、オブジェ要素も増す。一本の枝の上にワイヤーで花材を付けて、縦長になるように作っていく。リース作りの応用編のような感覚で。

[花材・資材]

プロテア'ニオベ'
バンクシア・フーケリアーナ'キャンドル'
ユーカリ'アンバーナッツ'
シルバーブルニア
リューカデンドロン'ゴールドカップ'
グレビレア（アイヴァンホー、バイレヤナ）
宿根スターチス'エバーライド'
パンパスグラス／レザー／フェザー

FILE 008 ドライフラワーのそれぞれの形

FILE 009 ドライフラワーのそれぞれの形

色褪せない木ノ実

recipe；制作・ルフルロン 中本健太

さまざまな形の葉を混合してベースをつくり、自然あふれる木の実などを散りばめた。シナモンやスターアニスの甘い香り、ペッパーベリーのスパイシーな香り、グロボラスのハーブの香りで癒しの空間に。キンポウジュ、コアラファン、ドライアンドラリーフの3種のグリーンで小さな束を作り、リースの形に連ねていく。それぞれの束の分量を調整し、葉の流れが美しくなるよう気をつける。

| 花材・資材 | キンポウジュ／コアラファーン／ドライアンドラリーフ／ペッパーベリー／ユーカリ・グロボラス／シナモン／スターアニス／ゲットウ／ヤシャブシ／シャリンバイ／クルミ／木の実／リース土台

recipe; 制作・SiberiaCake

メインのジニアを対角線に配置し、ルドベキアの花芯のような濃いブラウンなどをポイントに加えるとリース全体が引き締まる。シダやヤマウドの実を使い、アウトラインをあまりかっちりさせないように制作した。

| 花材・資材 |

カシワバアジサイ／ジニア
ルドベキア／スカビオサ／アナベル
クレマチス／ノラニンジン
ルナリア／ヤマウド／シダ

FILE 010　ドライフラワーのそれぞれの形

庭で育てた植物を使ったガーデンリース

FILE 011 ドライフラワーのそれぞれの形

recipe ; 制作／高野のぞみ NP

アカヅルをぐるぐると巻いたベースに、たっぷりとグリーンを合わせて制作した。ステルンクーゲルも一緒に編み込んでいき、内側や下に忍ばせてリースの立体感を出している。ナチュラルでシンプルだけれど、それぞれの葉の形や色が面白い。季節を問わず長く飾れるのも魅力。

| 花材・資材 |

アカシア・ブルーブッシュ
ブルーアイス
ユーカリ（ポポラス・ニコリー）
ドライアンドラリーフ
グレビレア'アイヴァンホー'
スプレーブルニア
スターリンジャー／宿根スターチス
スカビオサ'ステルンクーゲル'
アオツヅラフジ
アカヅル／サクラ

相性抜群、グリーンとアカヅルのリース

FILE 012 ドライフラワーのそれぞれの形

グリーンと実がこぼれ落ちるような、ラインスワッグ

[花材・資材]

ピスタチアリーブス
ユーカリ（ニコリー、
　ロブスター、ポポラスベリー）
シャリンバイ
アジサイ／ヤシャブシ／革紐

recipe ; 制作・ルフルロン 中本健太

繊細な葉とアンティークな色合いが乾いてもなお美しく、そのままを詰め込んだ。ラインが引き立つよう、無機質なコンクリートブロックと植物のぬくもりを対比。見る人にストーリーを感じてもらいたい作品。枝を土台に束ねたグリーンを一列に連ね、上は厚みをもたせ下に向かうほど細く。ライン中央は、実をボリュームよく配置してシャリンバイのワインレッド、アジサイのダークレッドを左右にポイントとして添えた。

FILE 013 ドライフラワーのそれぞれの形

森から見上げた三日月

recipe；制作・ルフルロン 中本健太

森の恵みの木の実や針葉樹、川に流れついた流木などで、静寂をやさしく照らす三日月を表現した。三日月のアウトラインが出るように、針葉樹の小束を順番につなげて、木の実を合間にぎっしり詰め込む。ゆるやかにひねりが入った流木で遊びを加え、変化を持たせる。

【花材・資材】

ブルーアイス／ブルーバード
ユーカリ（ポポラスベリー、グロボラス、テトラゴナ）
ジュニパーベリー
ナンキンハゼ／シャリンバイ
木の実／流木／リース土台

FILE 014 ドライフラワーのそれぞれの形

フレームにしつらえる

recipe ; 制作・田部井 健一・Blue Blue Flower

アンティークな風合いのフレームに、ナチュラルな風合いの花や木の実をぎっしりと詰め込んだ。額縁のような雰囲気を強調するため、スクエアのフレームラインからあまりはみ出さずにアレンジ。花材に凹凸をつけることとドライのエアプランツで動きを出すことでナチュラルな雰囲気に仕上げている。

花材・資材 | ルリタマアザミ／アジサイ／センニチコウ／ニゲラの実／ブラックベリー／チランジア／エリンジウム／バーゼリア／ワタガラ／ヘリクリサム／スターアニス／木製フレーム／ドライフラワーアレンジ用フォーム／フィンランドモス

FILE 015 ドライフラワーコサージュ

胸もとに、さりげないコサージュ

recipe ; 制作・深川瑞樹 ハナミズキ

今にも壊れてしまいそうな、儚くも可憐な白い花。そっと束ねて胸元へ。お気に入りの服がまた違った表情を見せる。

| 花材・資材 | セルリア／リューカデンドロン／スターチス／布

ドライフラワーならではの色味を生かして

FILE 016 ドライフラワーのそれぞれの形

recipe；制作・Nozomi Kuroda

躍動感を持たせつつ派手になり過ぎないデザイン。入れる順番が重要で、花瓶にやや高さがあるので中に大きめの紙を丸めて詰めておく。口の部分には大きめでしっかりとしたハスの実やプロテアを使用して固める。アカシアなど大きめの葉を後ろに入れ、中心のケイトウなど軽めの花をふわっと挿していく。全体のバランスが整ったらアクセントとして、流れるチランジアを引っ掛け、その上からユーカリ・トランペットを乗せて固定。

花材・資材　ケイトウ／ハスの実／ライスフラワー／アカシア／リューカデンドロン／プロテア　ユーカリ（テトラゴナ、トランペット）／チランジア・ウスネオイデス

FILE 017 ドライフラワーのそれぞれの影

お家でまったりスワッグ作り

recipe ; 制作・高野のぞみ NP

夏のある日の雨降り。こんな日は家で物作りも良い。雨音と爽やかな風を感じながら制作した。長さを出し、向きを揃えるとまとまった印象になる。スターチス'ブルーファンタジア'が華やかさと広がりを出している。

花材・資材

プロテア'レディパール'
グレビレア
(バイレヤナ／アイヴァンホー)
フィリカ・プルモーサ
ニゲラ／ユーカリ'ベイビーブルー'
宿根スターチス'ブルーファンタジア'
アワ／パンパスグラス

recipe ; 制作・髙野のぞみ NP

グレビレアの葉一枚をベースにまとめた。全体的にトーンを合わせると優しげな印象に。コットンの裂布リボンで錆びた雰囲気をプラス。シャビーシックなウェルカムスペース用に最適な作品に。

花材・資材

フィリカ・プルモーサ
スカビオサ'ステンクーゲル'
シルバーブルニア／ニゲラ
グニーユーカリ／グレビレア
（アイヴァンホー、バイレヤナ）
宿根スターチス'エバーライト'
ワックスフラワー

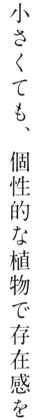

FILE 018 ドライフラワーのそれぞれの形

小さくても、個性的な植物で存在感を

元気になる色。イエロー×パープル

recipe ; 制作・高野のぞみ NP

どこに置いても気持ちを明るくしてくれる色。スモークグラスは少し足すだけでも華やかで良いポイントになる。色合いもグラデーションになるように組み立てた。

花材・資材

ミモザ／フィリカ・プルモーサ
スターチス／ニゲラ／グレビレア
リューカデンドロン'ゴールドカップ'
ラベンダー／コバンソウ／ラグラス
スモークグラス／カスミソウ
宿根スターチス'エバーライト'
ユーカリ・ニコリー／パンパスグラス

FILE 020 ドライフラワーのそれぞれの形

おとぎ話に迷い込んだようなリース

recipe；制作・高野のぞみ NP

細かい実をギュッと詰め込んだリースに、ふわふわの植物が絡みつく。たくさんの不思議な形をした実は見ていて飽きない。リースの土台に一つずつグルーで付けていくが、グルーが見えないように、ピンセットなどを使って丁寧に仕上げるのがポイント。立体感を出すため、内側や外側も植物の向きに変化をつけている。

花材・資材

ハスの実／シルバーブルニア
スプレーブルニア／ニゲラ
ユーカリ・トレリアーナ／ゲットウ
ラムズイヤーの花芽／アワ
ラグラス／アイスランドモス
スモークツリー／チランジア・ウスネオイデス

こんな質感もドライフラワーの楽しみの一つ

recipe；制作・高野のぞみ NP

シルバーブルーのアージェンタムとふわふわの植物で特徴的な質感に仕上げた。アージェンタムの背面は、葉を何枚か取り除いて転がらないようにバランスを整えている。葉の美しさが見えるように長めに伸ばして束ねていく。

花材・資材

リューカデンドロン
（アージェンタム、プルモサム）
パンパスグラス／フィリカ・プルモーサ
スカビオサ'ステンクーゲル'／シルバーブルニア／スターリンジャー／スティファ

recipe ; 制作・ルフルロン 中本健太

花材・資材

ミナヅキ　アカシア
シルバーブルニア
シンフォリカルポス
ユーカリ（トレリアーナ、コニカルガム）
リース土台

飾る向きで表情を楽しめるよう、4つの角をゆるやかに形作った。スクエア型を利用して全体を4つにパーツ分けし、バランスをとりながらデザイン。色づいたミナヅキは、単調にならないように部分的に配置してアクセントに。そのミナヅキからアカシアをのぞかせ、お互い引き立て合うよう色合いと分量を意識した。明るいグレーのシルバーブルニアをプラスして深みを出す。

FILE 022　ドライフラワーのそれぞれの形

「まるくてしかくい」フェミニンなリース。

| 花材・資材 |

プロテア／アジサイ／ユーカリ
ストーベ／ライスフラワー
エリンジウム／ドライアンドラ

recipe；制作・riemizumoto

白い壁にも合うように、ドライフラワーらしい色合いでまとめた。花瓶の透明感を生かしつつ、ドライフラワーの独特な色合いや素材を組み合わせて制作した。

大胆に、王道スワッグ

L'essentiel est invisible pour les yeux

FILE 024 ドライフラワーのそれぞれの形

思わずキュンとする色合い

recipe；制作・田部井 健一・Blue Blue Flower

くすみのあるパステルカラーのやさしい色合いは、かわいらしさの中にも大人っぽさが漂う。真っ白からベージュになり、クリームとなるさまざまな白と、シルバーグリーン、ライトグリーンなどのカラーコントラストが出る花材選びがポイント。

花材・資材

ブルーサルビア
エバーラスティング／ラグラス
ユーカリ／宿根スターチス
（ブルーファンタジア、他一種）
センニチコウ／ナズナ

弾けるキャンディーカラー

花材・資材

パンパスグラス／テールリード
リューカデンドロン'アージェンタム'
ミモザ／クラスペディア／センニチコウ
スターチス'サンデーアイス'
シルバーブルニア／バニーテール
スティファ／アンモビウム／ブリーザ

recipe；制作・高野のぞみ NP

まるいカタチやフワフワのキャンディカラーが目を引くスワッグ。見ているだけで癒されるパステルの色合い。センニチコウはグルーピング、ブルニアはワイヤリングして綺麗にまとまるようにする。

ワクワクするネイティブフラワー

recipe ; 制作・高野のぞみ NP

ネイティブフラワーは経年劣化しにくいのが魅力。コロンとした形は、置いても花瓶に挿しても可愛い。コンパクトに見えるように、グレビレアの葉も丸めて使っている。大きな花と普通の花の間を小さな実物で埋めていくように束ねるのがポイント。

花材・資材

バンクシア（フーケリアーナ、フーケリアーナ'キャンドル'）
ドライアンドラ
リューカデンドロン'サファリサンセッド'
シルバーブルニア／フィリカ・プルモーサ
グレビレア／セルリア／ハスの実
スカビオサ'ステンクーゲル'／ニゲラ
ラグラス／ミモザ／コバンソウ
エリンジウム／パンパスグラス／ヒエ
ユーカリ／ホロホロ鳥の羽根

大人可愛いイエローのブーケ

FILE 027 ドライフラワーのそれぞれの形

花材・資材

バンクシア'フーケリアーナ'
ミレット'パープルマジェスティ'
フィリカ・プルモーサ／ルリタマアザミ
ヘリクリサム／セルリア／シルバーブルニア
ユーカリ（グニー、ベルガムナッツ）
ニゲラ／コバンソウ
宿根スターチス'ブルーファンタジア'
パンパスグラス

recipe；制作・高野のぞみ NP

前撮り用ドライフラワーブーケ。挙式当日はウェルカムスペースに。 尖っていない丸い葉っぱを使い制作。ヘリクリサムやセルリアなど茎が弱いものや、バンクシアの周りの小花はあらかじめワイヤリングしておくと綺麗にまとまったブーケに仕上がる。

FILE 028　ドライフラワーのそれぞれの形

ブーケとお揃い、ブートニア

recipe；制作・高野のぞみ NP

ブーケとブートニアのセットはクリエイティビティを発揮する機会。新郎のブートニアは小さいけど印象的に。このサイズ感が制作意欲をくすぐる。

フィリカ・プルモーサ／ルリタマアザミ
ヘリクリサム／シルバーブルニア
ラグラス／グレビレア'アイヴァンホー'
宿根スターチス'ブルーファンタジア'
コバンソウ／ホロホロ鳥の羽

枝の上に花材を重ねてつくるブランチスワッグ

recipe；制作・高野のぞみ NP

花材を少しづつ束にして枝に留めていく。多肉植物とチランジアはワイヤリングし、重さのバランスを見て枝に固定する。細かいものや羽根は、固定したワイヤーの隙間などに挿して。一つずつ線を描く感覚で制作した。チランジアや多肉植物はドライとの相性も良く、個性的な枝の形に合わせて縦でも横でも、思いどおりに作れるのが楽しい。

| 花材・資材 | サクラの枝／テールリード／ユーカリ（グニー、グロボラス、ベリー）／ラグラス／コバンソウ／チランジア（ウスネオイデス、他一種）／多肉植物／キジの羽根 |

FILE 030 ドライフラワーのそれぞれの形

色で魅せる、赤いリース

recipe；制作・深川瑞樹 ハナミズキ

高ぶる気持ち、内に秘めた情熱…。あなたは、赤に、何想う。
空から落ちた三日月に赤い宝石を散りばめて。

| 花材・資材 | スターリンジャー／リューカデンドロン／グレヴィア／ユーカリ テールリード／三日月型リースベース |

031 ドライフラワーのそれぞれの形

ドライでも力強く、ダイナミックに

花材・資材

ピスタチアリーブス／ユーカリ（ニコリー、ロブスター、グニーコニカルガム、トレリアーナ、ポポラスベリー）／ドライアンドラ ウッディペアー／麻布

recipe；制作・ルフルロン 中本健太

個性的な実物やグリーンをざっくり束ねた、オブジェ風のスワッグ。力強くダイナミックな中にも、優しい色とふわふわな質感をあしらって、柔らかさを表現。花束を束ねるように、フォーカルポイントや高低差に気をつけ、結束部の近い位置には存在感のあるウッディペアで、作品全体を引き締めた。手元の麻布は無造作に巻き、ナチュラルなアクセントに。

recipe ; 制作・flower atelier Sai Sai Ka　撮影・松本紀子

空を見上げ、月を眺める人々が抱くそれぞれの想い、さまざまな心を雫に見立てて制作。暮らしに物語を添えるように飾りたいリース。サンキライリースをほぐし、月型の土台を再形成し、先端にいくほど小さく、細い花材を使用するとすっきりとした三日月型になる。

| 花材・資材 |

タタリカ／クレマチス／ペッパーベリー
カンガルーポー／ピンクッション
宿根スターチス／ストーベ
リューカデンドロン（以上ドライフラワー）
ヒバ／カスミソウ／アジサイ
（以上プリザーブドフラワー）

FILE 032　ドライフラワーのそれぞれの形

月と雫

FILE 033 ドライフラワーのそれぞれの形

そこにあり続ける、生きた色

recipe ; 制作・MIKI　撮影・相澤伸也　協力・坂田篤郎・アドフォト

パームフラワーを束ねたドライブーケ。白を引き立たせるために、鮮やかな赤や紫を一緒に束ねた。
自然な色を表現したかったので、ライトは最小限に抑え、できるだけ自然光で撮影。花のそれぞれに顔があるので、ブーケ全体ではなくその一つひとつをより美しく写すことを心掛けた。

| 花材・資材 | パームフラワー／バラ／スターチス／ラグラス／ユーカリ／アンモビウム |

*recipe ; 制作・*ルフルロン 中本健太

アクセサリーのようなオレンジの実でおしゃれをした、壁掛けスタイルのスワッグ。同じ色調で華やかに。時が経つと、プルモーサムが開いて綿毛が現れる。巻きつけたシッサス・オバータは質感や色が変わり、違った雰囲気に。グレビレア、トキワガマズミ、プルモーサムを束ね、サオトメバナの実を片側に配置してアシンメトリーにバランスをとる。結束部はシッサス・オバータを巻きつけながら垂らし、動きと空間をつくった。

| 花材・資材 |

グレビレアゴールド　トキワガマズミ
リューカデンドロン'プルモサム'
サオトメバナの実
シッサス・オバータ

時の経過を植物と楽しむ

小花で奏でる ウェディングブーケ

recipe ; 制作・田部井 健一・Blue Blue Flower

大きな花材はあえて使わず、小さめの細かい花材をたくさん集めて制作した。ナチュラルスタイルのウェディングに似合うよう、やさしく軽やかに仕上げた。小さい花の中でも、違った質感、違った付き方の花をたくさん組み合わせる事で、躍動感を出している。

| 花材・資材 | フィリカ／エリンジウム／ラベンダー／ナズナ／ラグラス カスミソウ／ニゲラの実／ブルーファンタジア／スターチス ユーカリ・グレッグソニアーナ／グレビレア'アイヴァンホー' |

ピンク色とミルクティー色のグラデーション

FILE 036　ドライフラワーのそれぞれの形

recipe；制作・荒金有衣

ミルクティー色のアジサイと、ピンクのバラを使ったプリザーブドフラワーリース。バラが目立ちすぎないよう、バランスよく配置。ピンク色とミルクティー色のアジサイもグラデーションになるよう意識してデザインした。

| 花材・資材 | アジサイ、バラ

*recipe；*制作・ルフルロン 中本健太

綿毛のようにふわりとやさしいフィリカに、スタービアの小さな花、アナベルの草原、ブラウンのベルギーフレッシュでできた家。小さな住人がいるような、そんな世界観を表現した。ビンテージ感のある足場板を背景に、ドライフラワーの発色を対比させている。ボックスからはみ出さないようにすることで、ぎゅっと詰まった可愛らしいアレンジに仕上げた。

花材・資材

アナベル／キンポウジュ
グレビレア／フィリカ／スタービア
ヒオウギズイセンの実／クルミ
ゲットウ
ユーカリ'ベルギーフレッシュ'
ウッドボックス／ドライフォーム

小さな村人が住む世界

FILE 038 ドライフラワーのそれぞれの形

置く場所を選ばない、フレームアレンジ

recipe ; 制作・SiberiaCake

壁にかけたりクローゼットなどの上にも置くことができる。ワイルドフラワーのダイナミックな雰囲気にヤマウドの繊細さも加えて。大きな素材から配置していき、後半に細かい素材を加えて繊細さを出す。アウトラインの所どころにはモスをあしらって隙を作る。差し色はノコギリソウのイエローで。

花材・資材

リューカデンドロン／バーゼリア
スカビオサ'ステルンクーゲル'／シャリンバイの実
ヨウシュヤマゴボウ
タイサンボクの実／ヤマウド
ノコギリソウ／マツカサ
ユーカリ／モス

FILE 039 ドライフラワーのそれぞれの形

溢れる生命力

recipe ; 制作・riemizumoto

命が誕生するようなイメージで制作した。細いつる状の枝でできた鳥の巣のような土台がポイント。土台を決めて、それから連想できるものを想像して作っていく。

| 花材・資材 | シダーローズ／シダ／ライスフラワー／ヘデラベリー／ヒカゲノカズラ／ナズナ |

質感を生かして華やかに

recipe；制作・高野のぞみ NP

自然界には魅力的な形がいっぱい。壁掛けにすることを前提に、植物のラインがよく見えるように配置した。平たくなりがちなので植物の間にユーカリを咬ませながら束ねていく。

| 花材・資材 |

バンクシア・フーケリアーナ
シルバーブルニア／セルリア
フィリカ・プルモーサ
スカビオサ'ステンクーゲル'
ユーカリ（ニコリー、ベイビーブルー）
ルリタマアザミ／パンパスグラス
リューカデンドロン'ゴールドカップ'
グレビレア'アイヴァンホー'
宿根スターチス'エバーライド'
スティファ

FILE 040 ドライフラワーのそれぞれの形

シックな色合い

recipe ; 制作・荒金有衣

アンティーク調のドライアジサイをリースに。シックな色合いは、部屋をワンランクアップすることができる。外側と内側のサイドにボリュームを持たせることで、立体的なラウンドになるよう仕上げた。

| 花材・資材 | アジサイ |

たくさんの花材でウキウキワクワク感

recipe ; 制作・高野のぞみ NP

パンパスグラスの存在感があるので、ビビットな色をポイント使いし派手になりすぎないようにした。

| 花材・資材 |

パンパスグラス／ブルームリード／リューカデンドロン（ピサ、プルモサム、トールレッド）
ニゲラ／フィリカ・プルモーサ／ユーカリ（アンバーナッツ、グニー）
スターリンジャー／ブルーセージ／シルバーブルニア／ケイトウ
スカビオサ'ステンクーゲル'／ヘリクリサム／コバンソウ

ドライフラワーのそれぞれの形

FILE 043 ドライフラワーのそれぞれの形

シックでロマンチックな、大人ブルー

花材・資材

バンクシア・フーケリアーナ／アジサイ
フィリカ・プルモーサ／ルリタマアザミ
ニゲラ／ラムズイヤー
リューカデンドロン・アージェンタム
シルバーブルニア／ラグラス／コバンソウ
宿根スターチス'ブルーファンタジア'
ユーカリ（ニコリー、グニー）
グレビレア'アイヴァンホー'
スカビオサ'ステンクーゲル'／パンパスグラス

recipe ; 制作・高野のぞみ NP

アジサイや水玉の羽、生地のような質感の植物は、個性的でずっと見ていられるほど魅力的。クールにもロマンチックにも、使い方次第でさまざまな雰囲気に仕上げることができる。バンクシアの周りは隙間ができないように注意しながら、ワイヤリングした小花を重ねていく。

ペールブルーの
アジサイで
やわらかい印象に

recipe；制作・高野のぞみ NP

ドライフラワーならではのアンティークな色合い。リースブーケは手に持ったり壁に掛けたり、さまざまなシーンで楽しめる。こんもりと仕上げるために、材料を付けるベース部分はあらかじめボリュームを出し何重かに巻いた。グルーでひとつずつパーツを付けていく。ブーケ用として使うときは、サイドや裏側も意識して花を付け、接着部を隠すようにグレビレアの葉などでカバーして仕上げる。

花材・資材　アジサイ／フィリカ・プルモーサ／ルリタマアザミ／ユリの実／ニゲラ／アンモビウム／ミモザ／コバンソウ／ラグラス／センニチコウ／宿根スターチス'エバーライド'／グレビレア／キウイのツル（土台）／ホロホロ鳥の羽根

ハーブの心地よい香り

花材・資材

ブルーアイス
ユーカリ（ニコリー、
　ベルギーフレッシュ、グロボラス
　テトラゴナ、ポポラスベリー）
ペッパーベリー
シルバーブルニア／グレビレア
パラノムス／木の実／リース土台

recipe ; 制作・ルフルロン 中本健太

グレイッシュグリーンをベースに木の実を散りばめたナチュラルリース。細葉のユーカリ、ブルーアイス、グレビレアなど、それぞれの葉の流れを活かし、繊細さの中にも力強さを感じられる、静と動を混在させた森の中のような自然のリズムを表現した。渋い印象になりすぎないようペッパーベリーの白で柔らかさをプラス。実をグルーでつける際、大きな実は落ちないように、必要であればワイヤリングしてしっかり固定する。

recipe ; 制作・田部井 健一・Blue Blue Flower

ワイルドフラワーと個性的な花を束ねた。決まりなく束ねながらも、メインであるプロテアがキレイに見えるよう意識しながら制作していく。くすんだ色合いを各色ミックスすることで自然な華やかさが生まれる。

花材・資材

プロテア 'ヴィーナス' / ドライアンドラ
リューカデンドロン・プルモサム
ユーカリ（テトラゴナ、グニー）
ニゲラの実　オクラ　シースターファーン
グレビレア 'アイヴァンホー'

FILE 046 ドライフラワーのそれぞれの形

自由にミックス

FILE 047 ドライフラワーのそれぞれの形

recipe ; 制作・flower atelier Sai Sai Ka　撮影・松本紀子

花材・資材

クリスマスローズ／アジサイ
アスチルベ／ヤマボウシ
バーゼリア／クレマチス
リューカデンドロン

森の中でさまざまな緑の植物が重なり合って育つように、植物があふれ出るイメージでリースを制作した。古材の板や錆びた鉄など、時を重ねた人工物と相性が良い、かっこいいイメージでデザイン。葉物用のプリザーブドフラワー加工溶液を使って作ったオリジナルの花材を一部使用。プリザーブド加工の際に染色日数をあえて短くすることで、半ドライフラワーのような風合いを残している。

群緑

森の一部を切り取ったような世界観

recipe；制作・高野のぞみ NP

牙のようなオクラの枝をベースに、山から採取した地衣類や胞子葉と個性的な植物でストーリーを作り出した。植物は無理に付けず、自然に収まるところに引っ掛けてワイヤーで固定している。背面はぐらつかないように木の枝などでバランスを取った。仕上げにレザーでワイヤーなどをカバー。

花材・資材

オクラ／プロテア "ニオベ"
ユーカリ（グロボラスベリー、トレリアーナ）
タルホーン／カルダス
フィリカ・プルモーサ
グレビレア "アイヴァンホー"
イヌガンソク／地衣類／フェザーレザー／チランジア・カピタータ

花材・資材
ソテツ／カリオタドレッド／タルホーン プロテア／パンパスグラス／サンキライ バラの実／ユーカリ・ポポラス リューカデンドロン・プルモサム スターリンジャー／ハスの実／レザー グレビレア・バイレヤナ／キジの羽根

recipe；制作・高野のぞみ NP

クリスマスもお正月も飾れるアレンジ。ネイティブを意識したデザインは、どこなく特別感が漂う。ソテツの葉先は尖っていて危険なので、葉先をほんの少しカットすると安全。

めいっぱい楽しむ、ホリデーシーズン

FILE 050 ドライフラワーのそれぞれの形

旅の支度

recipe；制作・flower atelier Sai Sai Ka　撮影・松本紀子

支度途中のトランクから荷物がこぼれているイメージで植物をアレンジ。紙箱をペイントし、革の取手を付けてトランクに見立てた器にした。あふれ出る様子を表現するため、ツタや羽などは流れを意識しながら配置した。

花材・資材

メタラシア　宿根スターチス
ワイヤープランツ　ブルニア
ローズマリー／アジサイリーフ
（以上ドライフラワー）／アジサイ
アストランティア／ラベンダー
フィンランドモス
（以上プリザーブドフラワー）
ホロホロ鳥の羽

目が覚めるような色彩

recipe;制作・hiromi

ヴィヴィッドカラーのリース。リースの真ん中を開けない少し変わった形が特徴的。同じ花や色が隣り合わせにならないようにバランスを考えて制作した。

花材・資材　アジサイ／バラ／ペッパーベリー／スターチス／モス／マリーゴールド／リースの土台（フローラルフォーム）

FILE 052 ドライフラワーのそれぞれの形

引き込まれそうなブルーボックス

recipe ; 制作・Fleursbleues / Coloriage

小さなアクセサリーを収納できるようにガラスのケースを埋め込んだ。見るだけではなく、日常でも使うことができるフラワーボックス。ホワイトからブルーのグラデーション、ボックスのシャビー感と花はクールな雰囲気で、シャビーシックなイメージで仕上げた。

| 花材・資材 | アンティークボックス／ジニア／ルリタマアザミ／バラ／SA デージー／センニチコウ／ペッパーベリー／モリソニア／ライスフラワー／シャーリーポピー／ユーカリの実／ブルニア |

FILE 053 ドライフラワーのそれぞれの形

薔薇に込められた想い

recipe ; 制作・Fleursbleues / Coloriage

赤いバラの花言葉は「愛情」「情熱」「恋」「熱烈な恋」。古くから言い伝えがある12本の赤いバラをメインに使った。それぞれのバラに込められた想いは「感謝・誠実・幸福・信頼・希望・愛情・情熱・真実・尊敬・栄光・努力・永遠」。一本一本、それぞれの花材にあったワイヤリングを施し固定している。色合い、アップダウンのバランス、隙間を作らないようにしながら花の表情を整え、時には重なり合わせながらアレンジした。

| 花材・資材 | フォトフレーム（縦 26cm ×横 21cm）
ドライフラワー用フローラルフォーム／バラ／ミニダリア
SA デージー／ビリーボタン／ペッパーベリー／ライスフラワー
カスミソウ／アジサイ／スターチス
シャーリーポピー／ロータス'プリムストーン'／ティーツリー
ユーカリの実／ブルニア／トータムフィーメイル／モリソニア |

優しさを散りばめたリース

FILE 054 ドライフラワーのそれぞれの形

recipe；制作・高瀬今日子 kyoko29kyokolily

優しい光の中に、可愛い花がたくさん詰まったリース。眺める人が幸せな気持ちになりますようにと願いを込めて。小さくて細い小花が多いので、折れないようにピンセットで丁寧に挿していく。

| 花材・資材 | バラ／アジサイ／ミモザ／カスミソウ／スターフラワー センニチコウ／ラベンダー／アローグラス／スターチス スモークツリー／ペッパーベリー／アメジストセージ リース土台フローラルフォーム |

FILE 055 ドライフラワーのそれぞれの形

可愛いものが好きな、あの子の部屋に

recipe;制作・Lee

小さくて可愛い形の花を集めてムーンリースを制作。小さな女の子の部屋に飾るような愛らしさをイメージして、デザインした。花を付ける部分にチランジア・ウスネオイデスを敷き、ワイヤーで固定させたら小花をまんべん散らすようにボンドでつけていく。ワイヤリングをしないので簡単に作ることができる。大きな花も、全体的に散りばめればほかの花材でも可愛らしさが表現できる。

| 花材・資材 | センニチコウ／カスミソウ／ヘリクリサム／ソリダコ／ライスフラワー／バラの葉／チランジア・ウスネオイデス／リース土台 |

FILE 056 ドライフラワーのそれぞれの形

recipe ; 制作・Lee

アレンジメントの名脇役的な存在の小花を集めて、ナチュラルなミニリースを制作。小さな花束を作るようにまとめたものをワイヤリングして、リースの土台に交互に付けていく。ピンクの宿根スターチスの量が多いとブルーファンタジアのカラーと混ざり、ごちゃごちゃした印象になるので控えめに。ナチュラルなデザインなので、男性の部屋やシンプルな部屋など、どんなインテリアにもなじむ。

花材・資材
宿根スターチス（ブルーファンタジア、他2種） カスミソウ ソリダゴ／リース土台

小花のミニリース

FILE 057 ドライフラワーのそれぞれの形

癒しのリース

[花材・資材]

ミモザ・ミランドール
スターチス'サンデーアイス'
アマランサス'イヤーミングデザード'
ユーカリ・ニコリー／ウーリーブッシュ
フィリカ・ピネア／ナンキンハゼ

recipe ; 制作・高野のぞみ NP

白い小花や実が見え隠れしているのがなんとも可愛らしい。スターチスとミモザの分量のバランスに気をつけて制作した。白が紫と黄色のバランスを中和している。

recipe; 制作・LILYGARDEN・keiko

シフォンケーキのようなフワフワ感が特徴のドライフラワーリース。ボリューム感を出すため、カスミソウは蕾のものを先に、開花しているものをあとに使う。乾燥すると花が小さくなるので、なるべくたくさん入れ込む。最後にスターフラワーを散らすが、主張は少なめにする。ラグジュアリーなリボンを着けて、ブライダルのウェルカムリースやギフトとしても。

花材・資材

カスミソウ　スターフラワー
チランジア・ウスネオイデス
リース土台（サンキライ・ラタンなど）
リボン

FILE 058　ドライフラワーのそれぞれの形

純白のカスミソウリース

FILE 059 ドライフラワーのそれぞれの形

姿かたちを変え、新しく生まれ変わる

recipe；制作・toccorri

素材を花びらや花にみたて、形づくる。小さな種や実が身を寄せ合い大きな存在となって、朽ちることなくそこに在るものとなる。木の実やスパイスだからこその楽しみ方。途中でパーツが足りなくなり組み上げる手が止まるとその後、デザインが乱れやすいので、事前の準備を入念に。組み始める前にすべてのパーツを6〜8等分しブロック分けすると組みあがった際、全体にバランスよく配置することができる。

| 花材・資材 | トウモロコシ／トウガンの種／サフラワー／布花（エーデルワイス）／ハッカク／クローブ／ベリーのピック／ハーブのボール（セージ、マスタードシード、キャラウェイ）／ヤシャブシ／メタセコイア／シラカバ／モクマオウ／クルミ／カルダモン／クラフト用樹脂粘土／リボン／ビーズ／ワイヤー |

主役は、ピンクのラナンキュラス

FILE 060　ドライフラワーのそれぞれの形

recipe；制作・toccorri

4種類のピンク系のラナンキュラスを集めて、同色の濃淡を楽しめるリースにした。可愛らしくなりすぎず大人の女性のイメージで。ベースは明るめのグリーン系に限定し、フォルムは三日月に。重心をやや左下に置くことで、ラナンキュラスが左下を中心にまとまり、存在感が出る。大きめで、きっちりとしたクレッセントの形にしたかったので、市販の丸いリースベースの一部をカットし分解し、少しずつずらしていきながらクレッセントの形に再構築している。

| 花材・資材 | ラナンキュラス／アストランティア／スイートマジョラム／ブプレリューム／ユーカリ・ポポラス／オレガノ'ケントビューティ'／リースベース |

FILE 061 ドライフラワーのそれぞれの形

recipe；制作／高野のぞみ NP

ちょっとしたギフトに合わせるミニスワッグ。同じ大きさに作るので、最初に小さなパーツの長さを揃えて作っておく。バランスを見ながら同じボリュームになるように束ねるのがポイント。

花材・資材

ミモザ／スカビオサ'ステンクーゲル'／ニゲラ
ナンキンハゼ／パンパスグラス
スターチス'サンデーアイス'
エリンジウム・マグネーター
アマランサス'イヤーミングデザート'
ユーカリ（ニコリー、ベイビーブルー）
フィリカ・ピネア
グレビレア・バイレヤナ

さりげない大人の気遣い

FILE 062 ドライフラワーのそれぞれの形

紫陽花と実もののミニリース

recipe；制作・yu-kari

たくさんの種類のグリーンや実ものを使って、小さいながらも眺める楽しみが詰まったリースに仕上げた。

花材・資材

ワイヤープランツ　アジサイ
ユーカリ・ポポラス
宿根スターチス
ブルーアイス　カンガルーポー
ゴアナクロー　バーゼリア

FILE 063 ドライフラワーのそれぞれの形

recipe；制作・荒金有衣

マツカサなどの実ものをぎゅうぎゅうに詰めて、賑やかに仕上げた。ナチュラルだけど、見ているとワクワクしてくる。

花材・資材

コニファー／ユーカリ
ビバーナム・ティナス／バーゼリア
リューカデンドロン／マツカサ
コットンフラワー

存在感たっぷり。スパイシーなリース

植物本来のワイルドなイメージを大切に

recipe; 制作・GREENROOMS

美容室からのオーダー。エントランスの雰囲気あるドアに合わせてデザイン。日が暮れてライトアップされると植物の陰影がさらに美しく現れる。細い流木を芯にして、リースワイヤーとグルーガンで仕上げた。

花材・資材

リューカデンドロン／ネズ
ガンベルズ／ダフノイデス
ユーカリ・ポポラス／ワイヤー

FILE 065 ドライフラワーのそれぞれの形

グレビレアだけで作ったスワッグ

[花材・資材]

グレビレア　ワイヤー　麻紐

recipe ; 制作・GREENROOMS

洗練された雰囲気のシンプルなデザイン。フェザーのようなシルエットで一枚ずつ葉の個性を見極めて組んだ。軸になる一本の枝を中心にリースワイヤーを使用して葉を巻きつけて形作っていく。葉のバイカラーを美しく魅せるのがポイント。

recipe ; 制作・高野のぞみ NP

グレビレア3種のリース。シンプルかつダイナミックな印象のリースにフェザーを合わせてさらにクールに。グレビレアの葉は、乾く前の柔らかい時に使用するとまとまった仕上がりになる。

花材・資材

グレビレア
(ヨベル、アイヴァンホー)
バイレヤナ／キジの羽／銀鶏羽

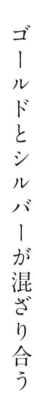

ゴールドとシルバーが混ざり合う

recipe ; 制作・ルフルロン 中本健太

片面が黄金色のグレビレア。枯れてもなお艶やかな美しい表情を魅せる。ゴールドが主張しすぎないよう、グリーンのキンポウジュやシースターでトーンをおさえ、フィリカのふんわりとした起毛で単調にならないように仕上げた。古びた廃材の木の渋さを感じるダークトーンの背景で、リースの存在をさらに引き立てる。

| 花材・資材 | グレビレア・ゴールド／キンポウジュ／ユーカリ 'ベルギーフレッシュ'／ゲットウ／シースターファーン／フィリカ／リース土台 |

朽ち、色褪せても

冷たいコンクリートへ吹きこむ命

FILE 068 ドライフラワーのそれぞれの形

recipe；制作・華屋・リンデンバウム

シンプルなグリーンでリースを制作した。ユーカリやグレビレアがドライフラワーになることで踊るように動き、プロテア'アイビー'の華やかさを力強く引き立てる

| 花材・資材 | グレビレア'アイヴァンホー'／ユーカリ／プロテア'アイビー'／フジヅル |

FILE 090 ドライフラワーのそれぞれの形

揺れ動く心のように

recipe ; 制作・MIKI 撮影・ながおさ モデル・サシナミ

女性がさまざまな感情に心を動かされる様子を、プロテアやピンクッション、ニゲラなどの独特な動きの花を使い表現した。さまざまな花材や色を混ぜることによって、恋心や複雑な心情も表現。全てがひとつにまとまって美しく見えるよう制作した。

| 花材・資材 | キングプロテア／ピンクッション／ケイトウ／カスミソウ／ユーカリ／ワレモコウ／パニカム／グレビレア・バイレヤナ／ニゲラ／リューカデンドロン／ブルームリード／クジャクの羽

recipe ; 制作・高野のぞみ NP

開店祝いということで縁起を担いだ。先端の植物はヘリコニア・ショーグン。夏にハワイからやって来たものをドライに。それぞれの植物がよく見えるようにまとめていく。オクラはワイヤリングして一緒に束ねる。ワイヤーでまとめながら束ねると崩れにくく美しく仕上がる。

花材・資材

ヘリコニア'ショーグン'
プロテア'ニオベ'
リューカデンドロン'ピザ'
メタラシア　オクラ　シルバーブルニア
ユーカリ'アンバーナッツ'
リューカデンドロン・プルモサム
ソテツ　グレビレア
（アイヴァンホー、バイレヤナ）
バンクシアの葉　パンパスグラス

お祝いにもスワッグを

FILE 071 ドライフラワーのそれぞれの形

まあるく、ほっこり。ナチュラルリース

花材・資材

ハナカンザシ／ヘリクリサム
ラベンダー／ユーカリ
センニチコウ／ニゲラ

recipe ; 制作・荒金有衣

暑い夏の時期に作った、ドライフラワーのナチュラルなリース。大きめのサイズにするために、ばらつきがでないよう、バランスよく花を散りばめた。ヘリクリサムの黄色がアクセントに。

かっこ良く、エレガントに仕上げて

FILE 072 ドライフラワーのそれぞれの形

recipe；制作・FLOWER-DECO.Brilliant 門田久子

ネイルサロンのオープン祝いに贈ったもの。キウイの蔓で曲線を出し、女性っぽいしなやかさを表現した。ドライスワッグにした理由は、長く楽しんでもらいたかったから。

| 花材・資材 | アーティチョーク／ラベンダー／アワ／ルリタマアザミ／ニゲラ／ユーカリ／チランジア・ウスネオイデス／キウイの蔓 |

FILE 073

ドライフラワーのそれぞれの

7色に光るシャボン。ガラス玉のアレンジ

recipe；制作・株元 昭典

アジサイは3cm角程度になるよう切り分け、ボール1個に4〜5個入れる。最後に蓋として使用するためひとつだけ少し大きめにしておく。センニチコウやスターチスなど小さめの花材は切り分けたアジサイの間に押し込み、固定。最後に大きめのアジサイを蓋をするように入れる。

花材・資材 ／ アジサイ／センニチコウ／ムギワラギク／スターチス

小さなケーキのようなリース

recipe；制作・yu-kari

ユーカリと実ものの置いて飾っても可愛いリース。細葉のユーカリで包み込むように仕上げた。

[花材・資材]

ワイヤープランツ　アジサイ
センニチコウ　ユーカリ
リューカデンドロン　ゴアナクロー

FILE 074　ドライフラワーのそれぞれの形

優しいあの人の顔を想像して

FILE 075 ドライフラワーのそれぞれの形

recipe；制作・ずんちゃろ

以前、彼に贈った花束を、組み直してもう1度贈ったドライの花束。優しい彼を想って、フィラフラワーを多く使い、やわらかい色合いに仕上げた。レースリボンや器はブロカントを使い、ドライフラワーの雰囲気に合うように。

花材・資材　バラ／デルフィニウム／カスミソウ／スターチス／ユーカリ／レースリボン／ホーローの器

FILE 076 ドライフラワーのそれぞれの形

さりげなく飾る花

花材・資材
パンジー／真鍮フレーム

recipe；制作・ルフルロン 中本健太

アンティーク調の真鍮フレームにパンジーの押し花をとじこめた。自然のアクセサリーを部屋のちょっとした空間やカバンに付けたり、さりげなく植物を身近に飾ってほしいという想いから。コラージュのような感覚で配置している。フレームが大きくなれば、さらに大きなコラージュができあがる。

いちから手作り

FILE 077　ドライフラワーのそれぞれの形

recipe；制作・ずんちゃろ

通っている学校で栽培された花をドライにして作ったリース。アイビーや小花の先端を飛び出させて、自然な雰囲気に。花びらがバラバラになってしまうものや、マツカサはワイヤリングをして挿した。

| 花材・資材 | バラ／ヘリクリサム／マツカサ／スターチス／カスミソウ／アイビー／ユーカリ／レースリボン／リース型の器／フローラルフォーム |

FILE 078 ドライフラワーのそれぞれの形

ナチュラルリースのためのドライフラワーたち

recipe ; 制作・荒金有衣

リースを作るためのドライフラワー。シンプルに、ただ束ねて置いておくだけで可愛い。

花材・資材 | ハナカンザシ／ヘリクリサム／ラベンダー／ユーカリ／センニチコウ／ニゲラ

FILE 079　ドライフラワーのそれぞれの形

recipe ; 制作・A harusame

例年よりもスモーキーで趣のある紫陽花を見つけたので活けた。その後１年を経て、より魅力が増したドライフラワーを並べて楽しむ。小さな白い花器をたくさん用意して、ひと房ごとに挿しレイアウト。マッスにすることで カラーリングの妙が引き立つ。２年ものと３年ものの紫陽花も合わせている。

花材・資材

アジサイ

刻まれていく、味わい深さ

FILE 080 ドライフラワーのそれぞれの形

風船を使ったまあるいデザイン

recipe ; 制作・大木靖子

ニューサイランを糸のように裂くと、すぐにドライになる。この特性を利用して、風船をベースにして形を作った。そのままオブジェクトとして飾っても美しいが、デザインの一部とした花くばりの提案。糸のように裂いたニューサイランを結びながら形を作る。剣山を使って裂くとよい。

花材・資材

ニューサイラン／クレマチス

| FILE 081 ドライフラワーのそれぞれの形 |

花材・資材
ハラン／ホオズキ／ワイヤー 釘／ボンド

recipe；制作・大木靖子

葉の形の美しさをそのまま生かしながら吊るした。ホオズキで流れを強調し、それが作品全体のアクセントとなる。3つのステムに長さが異なるワイヤーをかけ、壁に釘を打ち、そこから吊るした。3枚の位置はいろいろな可能性があるが、つながっているかように配した。葉の上でホオズキが止まる位置を確認して、フローラルフォーム用ボンドで固定。

水の流れを感じて

ウェディングブーケとおそろいのチョーカー

recipe ; 制作・hourglass 山下真美

キラキラしたチョーカーのベースにドライフラワーという相反するような組み合わせも、ブライダルブーケと合わせて付けると素敵に。チョーカーのベースにグルーガンで花や葉をつけ、ユーカリの葉を使ってアウトラインをある程度作ってからアジサイなど大きなものを入れ、残りの実や葉を入れていく。バラの実を一粒ずつ葉につけてチランジアを入れて完成。

花材・資材

アジサイ／エリンジウム
ノイバラの実／チランジア
ユーカリ／ビバーナム・ティナス

FILE 083 ドライフラワーのそれぞれの形

時間とともに散りゆく儚さ

recipe ; 制作・hiromi

さりげなく、なにげなく、空間にとけこむインテリア雑貨。ナチュラル素材のキャンバスフレームに花をデザインした。スイートピーならではのひらひらの花をドライにして、別の花に生まれ変わらせた。周りには控えめな色と蕾を配置してよりナチュラルに。茎のある花と蕾の向きに差をつけることで、動きを表現した。インスピレーションはお気に入りのバングルから。

| 花材・資材 | スイートピー／ニゲラ／スカビオサ／ストック／ユーカリ／パンジー／チューリップ／キャンバスフレーム |

並べて、並べて、絵本のように

FILE 084　ドライフラワーのそれぞれの形

recipe ; 制作・mayu32fd 高橋 繭

絵本のように写真の上に文章が入る前提で制作。まずは花材を並べて、そこにできた世界観で作る「偶然の物語」。主人公は鳥のトレイ。いつも何かを乗せてどこかに届けにゆく。

花材・資材　ヒマワリ／ユーカリ／フィリカ／センニチコウ／ミモザ／ダリア
ヘリクリサム／サンキライ／バラの実
ビバーナム・コンパクタ／ヤシャブシ

FILE 085 ドライフラワーのそれぞれの形

ゆらゆらガーランド

recipe; 制作・koko

針金にドライフラワーを付けてゆらゆら動くガーランドを制作した。ドライフラワーの色合いに気をつけながら配置する。先端にはスケルトンリーフや羽根をつけるとゆらゆら感が増す。

| 花材・資材 | ハナカンザシ／アジサイ／ラグラス'バニーテール'／スターフラワー・ブロッサム／ヘリクリサム／ビオラ／スケルトンリーフ／羽根 |

recipe；制作・koko 器作家・うつわやみたす 器・『カワセミカップ』

お気に入りの器と一緒に、SNS映えするドライフラワーの使い方。カップにドライフラワーをあふれているように入れ、花の流れを優しくつくっていく。その先にソーサーを置き、花びらを少なめに置いて仕上げる。可愛いカワセミがカップの持ち手にとまっている、「うつわやみたす」さんの器を使い、愛らしい作品に仕上げた。

| 花材・資材 | アジサイ |

うつわからあふれだす花

FILE 086 ドライフラワーのそれぞれの形

FILE 087 ドライフラワーのそれぞれの形

カスミソウの移り変わり

recipe；制作・野沢史奈

生花から枯れゆくドライフラワーへ。その二面性を2枚の写真を使って表現した。伸びるカスミソウの先には、まだ写真を繋げることができる。そこにまた、花の在り方の可能性が広がっている。

| 花材・資材 | カスミソウ |

幻想的なボタニカル

FILE 088 ドライフラワーのそれぞれの形

recipe; 制作・s-sense-candles satoko

好みのドライフラワーを選び、蝋の中に閉じ込めてキャンドルを制作。キャンドルにすることで、そのままインテリアとして飾ったり、大切な人へ贈ったりと色々な使い方ができる。灯した時に内側からの炎で花材が浮き上がる様子が見どころなので、詰めすぎないようにアレンジするのがポイント。飾っておいても美しいように配置や色合いを考える。

| 花材・資材 | オレンジ／リンゴ／カスミソウ／ユーカリ／ライスフラワー／アジサイ／バラ／ラベンダー／ケイトウ／プリザーブドフラワーなど |

植物標本

recipe；制作・koko

ドライフラワーで植物標本を制作。紙にドライフラワーを貼り付け、日付と花の名前を書く。カリグラフィーで植物名を書くとオシャレ感がアップ。

花材・資材

バラ／ムラサキシキブ／パンジー／ワスレナグサ／ペッパーベリー
スケルトンリーフ／ハナカンザシ／ニゲラ／ナンキンハゼ／ホオズキ
クローバー／スイセン／アジサイ／ボタンフラワー／ユーカリ
センニチコウ／セルリア／ラベンダー／ダスティーミラー
スターフラワー・ブロッサム／サンキライ／ルナリア／デルフィニウム

FILE 090 ドライフラワーのそれぞれの形

ありがとうの気持ちを込めて

recipe ; 制作・hiromi

プレゼント用に制作したハーバリウム。フラワーアレンジで楽しんだ花をドライにした。開かなかった蕾やつる性などの個性も大切に。小さな花も束ねたら、オイルの中では立派なブーケ。

| 花材・資材 | バラ'都舞'／ライスフラワー／トリフォリウム／ナズナ／ローナス／ラベンダー／ラクスパー／カスミソウ／ボトル／ハーバリウムオイル／麻ヒモ |

FILE 091 ドライフラワーのそれぞれの形

そっと寄り添ってくれる存在

recipe;制作・三木あゆみ

窓から入る光に照らされて、日によって表情を変える様子はとても愛らしい。一輪挿しはすべて自作のもの。逆光になる窓辺は、一輪挿しもやわらかい雰囲気になるので、ドライフラワーのやさしい雰囲気に合う。

| 花材・資材 | カスミソウ／シダーローズ／ペッパーベリー／ラベンダー

まるでキラキラと光るガラス細工

FILE 092 ドライフラワーのそれぞれの形

recipe; 制作・hw life 堺 海

瓶の中でカラフルな花が静止するハーバリウム。色鮮やかなドライフラワーをたくさん散りばめた。あらかじめデザインした花をクリアシートに貼りつけて花が動かないように固定したものを瓶に入れ、オイルを注いで制作。色鮮やかなドライフラワーが際立つように花の配置にもこだわった。

花材・資材

バラ／デルフィニウム／スターチス
ヘリクリサム／スターフラワー
センニチコウ

ジューシーなフルーツハーバリウム

recipe ; 制作・高野のぞみ NP

イエローグリーンのビタミンカラーは見ているだけで元気になる。浮きやすい花材はラスカスで押さえ、ボトルの両面どちらから見ても楽しめるよう配置した。ドライフルーツは押し花の要領で作ったものを使用。押すことで縮まず綺麗な形をキープしたドライフルーツができる。ガラスのような透け感が魅力的。

| 花材・資材 |

ドライオレンジ／ドライキウイ
シナモンスティック／ペッパーベリー
クラスペディア／ミモザ／センニチコウ
ルスカス（プリザーブドフラワー）
ハーバリウムオイル

アジサイだけで、ふんわりと

FILE 094 ドライフラワーのそれぞれの形

recipe；制作・株元昭典

グリーンが繊細な、アジサイ'アナベル'だけのリース。花房のイメージが残るようにふんわりと仕上げたいので、あまり細すぎないベースを使った。適度に切り分け、ピンセットを使いグルーでリースベースに留めていく。隙間が多いとリースベースが透けて見えるので、見えない程度に詰める。

| 花材・資材 | アジサイ'アナベル' |

FILE 095

ドライフラワーのそれぞれの形

ちょっとした贈り物に、気持ちを添えて

recipe；制作・山本 雅子

スパイラルのラウンドブーケ。ナチュラルに仕上げるために、あまり決め込まずにランダムな配置に。ブルーを差し色に、シンプルな花材で制作した。英字新聞のさりげないラッピングで魅せる。

花材・資材　宿根スターチス／アスチルベ／エリンジウム
ラグラス'バニーテール'／トケイソウの実

FILE 096 ドライフラワーのそれぞれの形

空間に息吹きを与える

recipe；制作・大木靖子

ブックエンドやペーパーウェイトとして使っている石にティファを巻いた。オブジェクトに一手間を加えるだけで、無機質な空間にぬくもりが生まれる。石にひもを十字にかけ、それをベースにティファを巻き付けて制作する。ティファを織り成すように扱うと個性的に仕上がる。

| 花材・資材 | ティファ／石／ひも |

| FILE 087 | ドライフラワーのそれぞれの形 |

過ぎていく季節に思いを馳せて

recipe；制作・Charis Color 前田悠衣

リューカデンドロン・プルモサムをメインとし、そこにスティファを入れることによって、柔らかさや動きを出した。ラベンダー、ニゲラ、オレガノ'ケントビューティー'の緑から青にかけての色合いをバックにすることで、暖色系と寒色系のメリハリをつけ、手前のオレンジがかった白、黄色が映えるようにデザイン。

花材・資材

リューカデンドロン・プルモサム／ラベンダー／ニゲラ／オレガノ'ケントビューティー'／スターチス／スティファ／イモーテル

recipe ; 制作・hourglass 山下真美

アジサイをボトルに入れたあと、花びらが散らないようにそっとバラを入れる。ゴアナクローを逆さまにして茎を持ったまま瓶に入れ、茎をあらかじめ穴を開けておいたコルクに差し込み、ボンドで固める。 外側にもボトル内の花を飾る。飲んだ後のワインボトルを使うので、とてもエコロジカル。小さなボトルやハーバリウムなどと並べて飾るとよりインテリア感が増す。

花材・資材

バラ
ゴアナクロー
アジサイ

FILE 098 ドライフラワーのそれぞれの形

ワインの空き瓶にドライフラワーを入れて

FILE 099

ドライフラワーのそれぞれの形

アースカラーを中心にしたスワッグ

recipe ; 制作・hourglass 山下真美

スワッグなのでただシンプルに束ねるだけ。それぞれの花が個性的なので、より際立たせるためにグルーピングしてスタイリッシュに束ねた。地球の大地や植物など自然の色合いのアースカラー。どんなインテリアでも馴染むように色あい、形などよりシンプルに作るよう心がけている。ホオズキはオレンジ色になる前にドライにしたものを使用。

| 花材・資材 | バンクシア／プロテア／ユーカリ・テトラゴナッツ／ホオズキ／スタリンジャー／アワ／グレビレア・バイレヤナ／スモークグラス |

FILE 100 ドライフラワーのそれぞれの形

鳥かごオブジェ

recipe；制作・深川瑞樹 ハナミズキ

鳥かごに、羽毛のようなセルリア一輪。鳥のいた過去の存在から、そこに残る雰囲気がまるであるかのように。

| 花材・資材 | セルリア　鳥かご |

FILE 101 ドライフラワーのそれぞれの形

シンプルさを愉しむ

recipe；制作・深川瑞樹 ハナミズキ

黒い一輪挿しの小さな器に映えるもの。ドライ ポピーの一輪を
あしらって。その存在が尊くいとおしいもの。

| 花材・資材 | シャーリーポピー／一輪挿しベース |

FILE 102　ドライフラワーのそれぞれの形

花の表情を際立たせて

recipe ; 制作・Nozomi Kuroda

花弁それぞれの色が美しかったので、近距離で撮影した。葉脈の表情も、生花だった時よりはっきりと見える。アジサイは鮮度が高いものを使用し、余分な葉を取り除いたらすぐに紐で吊るしてドライにする。この時壁に当たってしまう面があると潰れてしまうので注意。

花材・資材

アジサイ

FILE 103 ドライフラワーのそれぞれの形

recipe ; 制作・SiberiaCake

スキットルボトルタイプの面で見せるハーバリウム。メインの素材の前後にも植物を配置して奥行きを出す。同じラインにならないように素材に角度をつけてレイアウトするのがポイント。

花材・資材

左：フリージア／ラグラス
　　エリンジウム／アストランティア
　　シランの実／ゴアナクロウ／グレビレア
右：ノラニンジン／ミモザ／グレビレア
　　ドングリ／ルナリア／ローズマリー

好きな形に植物を閉じ込めて

FILE 104　ドライフラワーのそれぞれの形

黒い鉄製の箱に、黒いドライフラワー

recipe ; 制作・深川瑞樹　ハナミズキ

あまり飾り気のないよう、シンプルにさりげなく。色もトーンをまとめて。そっとたたずむオブジェとして。

| 花材・資材 | ペッパー／鉄製箱 |

FILE 105 ドライフラワーのそれぞれの形

いつまでも忘れないように

recipe; 制作・ルフルロン 中本健太

ナンキンハゼのマットで美しい白。自然の恵みのオーバルミニリース。初心をイメージさせる白。その気持ちをいつでも思い出せるように、永遠を意味するリースという形で表現。リース土台に、ナンキンハゼの実を一つひとつグルーで付けている。ホワイト、オフホワイト、アイボリーなど、微妙に色が違って形も自然のままで様々。隣り合う実と実、その表情などをよく見ながら全体を整えていった。

| 花材・資材 | ナンキンハゼ／リース土台／革紐 |

FILE 106 ドライフラワーのそれぞれの形

色のない草花の放つ存在感

recipe；制作・ルフルロン 中本健太

葉や花、実物などの花材で空間を飾る。それぞれの、個性的で独特な姿と表情を魅せる。ガラス花器とセメント器の素材や大きさが、植物たちと相性が合うようにバランスをみながら制作。じっくり観察して、その植物の魅力や表情、形・色・質感・印象など、自分の目とインスピレーションで探っていく。

花材・資材
グレビレア／スターリンジャー／グロボラス／ラムズテイル
シルバーブルニア／ユーカリ（テトラゴナ、ポポラスベリー）
ラムズイヤー／ナンキンハゼ／ヘリクリサム／ウッディペアー
ガラス花器／セメント器
アンティーク花瓶／アンティークプレート／ポラロイド写真

FILE 107 ドライフラワーのそれぞれの形

大好きな花の空間

recipe；制作・ずんちゃろ

ほとんどの花材は通っている農業高校で栽培されたもの。丹精込めて栽培した植物を自分の部屋に飾った。ポストカードは私の夢を応援してくれ、大好きなアンティークショップで譲っていただいたもの。

| 花材・資材 | ベニバナ／ミモザ／ウンリュウヤナギ／アカツル（カゴ）／ユーカリ／カスミソウ／ヒマワリ／スターチス／マツカサ／アイビー／バラ／カーネーション |

| 花材・資材 |

ムギ／ライム／モス
テラコッタの鉢／リボン

recipe ; 制作・笹原りき

ムギという花材の直線的なデザインを生かしてトピアリーを制作した。ムギ、リボン、テラコッタ、ライムの色に統一感を持たせるように、色選びにこだわる。ムギを入れるときに中央から時計回りに、接するくらいに密に入れていくときれいなトピアリーに仕上がる。器は5色くらいを使って、思い描くような器に仕上げた。ゴールドやコッパーなどの絵の具をかするように入れることで、ナチュラルとモダンさをあわせ持つ器に。

花材の魅力を引き出して

FILE 109 ドライフラワーのそれぞれの形

recipe ; 制作・八木香保里　　花器制作・菊地亨

動きを楽しむドライフラワー。植物のしなやかな曲線に花器の落ち着いた風合いをあわせ、空間に一本の線を描いた。枯れゆく過程に見られる色や形の変化を楽しむため、植物を一種類にしぼりシンプルな形の花器にまとめた。

花材・資材

メラスフェルラ

枝葉が揺れる姿の愛らしさ

抜けていく風を表現

ドライフラワーのそれぞれの形

FILE 110

recipe；制作・大木靖子

少量の水を入れたガラス器に挿して、飾りながらドライフラワーに仕立てた。自然にあるように、ナズナの間をくぐる風や空気感を表現。キャンドルと合わせたり、時にはフレッシュフラワーと合わせてテーブルを演出している。ドライになってからデザインを変えようとするとナズナを傷めるので、デザインを決めてからドライにすると良い。

| 花材・資材 | ナズナ |

FILE 111

ドライフラワーのそれぞれの形

何度でも楽しめる

recipe ; 制作・mayu32fd 高橋 繭

家の中にある、なんとなく飾ってあった花材を集めて、改めて活けた。伸びやかな枝の動きや勢いを生かし、花はぎゅっと中心に寄せ、狭い色幅でもメリハリがつくよう白や赤茶系の花材を挿し色に使う。生花より留まりやすい反面、ちょっと油断すると折れてしまうので、活ける時は'大胆かつ丁寧に'を心がけている。

| 花材・資材 | ユーカリ／プロテア／グレビレア／リューカデンドロン／スターチススモークツリー／セルリア／バラ／フィビキア／オヤマボクチシュウメイギクの茎 |

素材で楽しく魅せる

FILE 112 ドライフラワーのそれぞれの形

recipe;制作・toccorri

このリースは「色」と「形」で対照的な素材を集めてまとめた。アジサイやラムズイヤー、ラグラスなどのふわふわ素材に対して、イチビやニゲラなどの尖った素材を盛り込むことでフォルムにメリハリを付けた。ベースのホワイトは純白からアイボリー、そしてオフホワイトへと色みを変化させて奥行を出しつつ、ホワイトの中にブラックを点在させてアクセントにした。

| 花材・資材 | アジサイ(プリザーブドフラワー)／ラグラス／ラムズイヤー／タタリカ／ニゲラ／イチビ／サルスベリ／アマレリーノ／カネラ／リース土台 |

FILE 113 ドライフラワーのそれぞれの形

花器に導かれるように

recipe；制作・mayu32fd 髙橋 繭

このオレンジ色の花器にドライフラワーを活けたらどんな感じになるのか、と気になったことがきっかけで制作した。柳葉ユーカリの葉の動きを活かすことと、ミモザの黄色やグレビレアの鮮やかなオレンジ色で、花器と世界が分離しないようにすることを意識してデザイン。とりあえずやってみると、自分でも思いもよらないものが生まれることがあり、そんな時に植物の力を感じる。

| 花材・資材 | 柳葉ユーカリ／バラ／バラの実／ミモザ／スターチス／ドライアンドラ／バーゼリア／クレマチス／テンニンカ／グレビレア |

春、窓辺から眺める景色

FILE 114　ドライフラワーのそれぞれの形

recipe ; 制作・hiromi

ウォールシェルフの背面をくり抜き、春の庭を表現した。底面にフローラルフォームを置き、モスで隠し、茎のある花はそこに挿して、花々の空間を制作した。イメージに合う花材を選ぶのがポイント。

花材・資材　モス／センニチコウ／ミモザ／アストランティア／ユーカリ／ウォールシェルフ

グリーン多めで爽やかに、春風のスワッグ

recipe ; 制作・hiromi

ミモザとユーカリのスワッグ。ラフィアのリボンやコデマリの枝を使って自然を感じるようデザイン。花材の長さを考えながら、ふんわり感が出るよう束ねた。コデマリの枝づかいがポイント。

| 花材・資材 | ミモザ（銀葉、スペクタビリス）／ナズナ
ユーカリ・クラドカリクス／コデマリの枝／ラフィア |

FILE 116 ドライフラワーのそれぞれの形

はちみつのような、香水のような

花材・資材

ミモザ・ミランドール
ハーバリウムオイル
シーリングワックス／タッセル
ポンポン／ラッピングペーパー

recipe；制作・高野のぞみ NP

丸いボトルとミモザのようなポンポンタッセルが特徴のハーバリウム。球面のボトルに立体的にミモザを入れるのが難しいけれど、長さのあるものを優しく曲げながら繰り返し入れると扱いやすい。シーリングワックスはイエローとゴールドをミックス。グースティックを刻んだものを混ぜると割れにくくなる。

ミモザをたっぷりと盛り込んで

recipe；制作・高野のぞみ NP

イヤーミングデザートやレースフラワーで動きのあるデザイン。リースの上をコロコロと転がるようなクラスペディアとミモザの相性は抜群。ミモザとイヤーミングデザートは乾くと花や葉がポロポロと落ちやすいので、生花のうちにリースやスワッグにするとよい。

花材・資材

ミモザ・ミランドール
ユーカリ・ニコリー
アマランサス'イヤーミングデザート'
レースフラワー／フィリカ・ピネア
ウーリーブッシュ／クラスペディア

FILE 118　ドライフラワーのそれぞれの形

ワイルド・ナチュラルな イエローリース

recipe ; 制作・hiromi

春の訪れを感じるミモザのみをたっぷりと使ったリース。コットンレースのリボンで甘辛ミックスを表現。ボリューム感を出すために重ねながらくくる。束ごとの分量を同一に、多めにとるのがポイント。

| 花材・資材 | ミモザ／リースベース／リボン／ワイヤー

recipe ; 制作・高野のぞみ NP

気持ちよさそうに風に揺れているイメージで、空気感たっぷりに制作した。植物の動きを観察しながら、立体的に仕上がるように丁寧にワイヤーで付けていく。しっかりと乾いた後だからこそ、自然な動きをキープしたまま形に残すことができる。

花材・資材
ユーカリ'ベイビーブルー'／ナズナ
ピーコックグラス／マルガリータ
ニゲラ／ラグラス／タタリカ
レースフラワー／グレビレア'ヨベル'
スカビオサ'ステンクーゲル'
ルナリア

草原で揺れている草花を束ねて

recipe; 制作・Fleursbleues / Coloriage

優しい陽射しと、雪解けのころに咲き始めるミモザの黄色を思い浮かべ、春の喜びを小さなリースの中で表現。小さな花々が咲く庭を描くようにアレンジした。平面になりすぎないように、それぞれの花にアップダウンをつけながら細かく丁寧に仕上げた。

| 花材・資材 | アジサイ／ジニア／カスミソウ／ダリア／センニチコウ／オキシペタルム／デージー／ローナス／ニゲラ／シャーリーポピー／ペッパーベリー／バラ／リース土台 |

ヒナタノリース

花畑をギュッと閉じ込めたリース

recipe；制作・株元昭典

花材をグルーで留めるため、スターチスの茎が見えないようなるべく切り詰める。きれいに見えるように、向きをそろえたり、隙間が出ないように花材の形を見ながら取り付けていく。
長く楽しめるよう、退色しにくい花材を選ぶのがポイント。

| 花材・資材 | スターチス／センニチコウ／ゲットウの実／クラスペディア／イモーテル／ラナンキュラス |

ビタミンカラーのガーランド

FILE 122 ドライフラワーのそれぞれの形

[花材・資材]

ミモザ／クラスペディア
ダスティーミラー／ユーカリ／バーゼリア

recipe ; 制作・hourglass 山下真美

ドライフラワーにしても色が濃く残るミモザやクラスペディアを使ったスワッグ。ビタミンカラーで見ているだけで明るく元気な気持ちに。花束のように束ねて飾っても可愛いが、ガーランドにして飾っても雰囲気が出る。

FILE 123 ドライフラワーのそれぞれの形

蕾を生かして

recipe; 制作・hiromi

家で育てているミモザをアレンジ。ミモザの黄色は控えめにして、蕾のよさを活かした。形状の似ているナズナも使用してナチュラルテイストに。

| 花材・資材 | ミモザ（銀葉、スペクタビリス）／ナズナ／リース土台／リボン／ワイヤー

FILE 124 ドライフラワーのそれぞれの形

ミモザとユーカリのハーフリース

recipe ; 制作・華屋・リンデンバウム

ミモザとユーカリをランダムに編み上げた。ユーカリの葉の動きで賑やかな春の訪れを感じて。

| 花材・資材 | フジヅル／ミモザ／ユーカリ

FILE 125 ドライフラワーのそれぞれの形

recipe；制作・高野のぞみ NP

ノルタルジーとメルヘンが漂う雰囲気に。平たく潰れないように、全てをバランスよくワイヤーで付けた。パンパスグラスは長さを揃えてカットしておく。

| 花材・資材 | パンパスグラス／テールリード／ミモザ／スターチス'サンデーアイズ'／ブルーセージ／クラスペディア／カネラ／ドライアンドラリーフ／リューカデンドロン・アージェンタム／チランジア・ウスネオイデス／シャーリーポピー／ダスティーミラー／フェザー／カスミソウ（プリザーブド） |

アクセサリーのようなリースはときめきがいっぱい

FILE 126　ドライフラワーのそれぞれの形

ミモザとネコヤナギを束ねた小さなブーケ

recipe；制作・hourglass 山下真美

シンプルに束ねるだけ。ミモザがきれいなので余計なものは入れずにネコヤナギだけを合わせて束ねた。ミモザが旬なときは、リースが人気でよく見かけるけれど、小さな束を作り一緒に飾ったり、壁にかけて吊るしたりしても素敵。

花材・資材 ｜ ミモザ　ネコヤナギ

FILE 127 ドライフラワーのそれぞれの形

大地に咲き誇る自然美

recipe ; 制作・FLOS

南アフリカや西オーストラリアなどの自然環境に自生する、ワイルドフラワーのドライフラワーを使用。圧倒的存在感のあるバンクシアのスカーレットを引き立たせ、ダイナミックなデザインへと仕上げた。花材の方向は一定にせず、葉が上から下へと流れるように活けることで、より自然さを表現。特徴的なバンクシアは葉を生かす。生花に劣ることなく乾燥してもなお美しいドライフラワーには花びら、葉ひとつひとつに表情があり、正面・側面から見ても美しい表情が出るように心掛けた。

花材・資材

バンクシア 'スカーレット'
リューカデンドロン 'サマーグリーン'
ユーカリ（ポポラスベリー、テトラゴナ）
ウーリースプーン
デュモサ／マウンテンミント
ツイストリース／アンブレラファーン

recipe；制作・高野のぞみ NP

凍らせたような色合いのシルバー＆ブルーが美しいブーケは、見ているだけで涼しそう。ブルーがポイントなので、目立つように配置することがポイント。グリーンの葉は使わず、シンプルにした方が映える。

花材・資材
プロテア
リューカデンドロン（アージェンタム、ゴールドカップ）
ルリタマアザミ／ラムズイヤー
シルバーブルニア／フィリカ・プルモーサ
スモークツリー／スティファ
宿根スターチス'エバーライド'／ニゲラ

輝くアージェンタムに夢中

FILE 129 ドライフラワーのそれぞれの形

recipe ; 制作・ルフルロン　中本健太

ふわふわもこもこが魅力的なスモークツリー。素材の魅力を活かすために、花材はスモークツリーのみ。触れたくなるようなやわらさが伝わるよう、背景は麻布で優しく包んだ。スモークツリーのふわふわしたエアリーな可愛さを最大限に活かすため、花穂がつぶれないように優しく扱う。小束をパーツとして作り、連ねてリース型にしていく。きれいに円く仕上がるよう小束の分量を均等に束ねることに気をつかった。

花材・資材

スモークツリー／リース土台

コケティッシュだけど幻想的な、初夏限定のリース

FILE 130 ドライフラワーのそれぞれの形

優しいブルーグラデーションが可愛い、壁掛け風スワッグ

[花材・資材]

ルリタマアザミ／フィリカ・プルモーサ
スプレーブルニア／センニチコウ
ニゲラ／ラベンダー／サントリーナ
スターチス／ホロホロ鳥の羽根
グリーンの実（アーティフィシャル）

recipe; 制作・高野のぞみ NP

つぶつぶな植物をぎゅっと詰め込んだ。一本のルリタマアザミの枝にサントリーナを巻きつけてベースにし、材料をワイヤーで留め、その上からグルーで花材を付けていく。細長いので柱などの狭いスペースでも収まる。

まるでシャーベットのような淡い色合い

recipe ; 制作・高野のぞみ NP

パステルカラーの花材に、水玉のフェザーや本革を合わせ、引き締まった印象にしている。同じ植物でも、なるべく淡い色のものを選び制作した。ポイントに少しだけ濃い色を入れても良い。

花材・資材

フィリカ・プルモーサ／ルリタマアザミ
ニゲラ／ラベンダー
宿根スターチス'ブルーファンタジア'
スモークツリー／グニーユーカリ
ワックスフラワー／ラベンダー
フェザーグラス／パンパスグラス
ホロホロ鳥の羽

FILE 132 ドライフラワーのそれぞれの形

緑が元気になるころ

recipe ; 制作・hiromi

夏のはじめに、草原で出合う草花を表現した。色味はグリーン、イエロー、ホワイトにしぼり、統一感をだした。ドライフラワーにして取れてしまった花や花びらを有効活用している。

| 花材・資材 | ナズナ／ペーパーカスケード／ミモザ（パール、スペクタビリス）／ユーカリ／ツゲ／クラスペディア／チューリップ／ラグラス／ニゲラ／ビバーナム／枝フレーム／ローナス |

FILE 133 ドライフラワーのそれぞれの形

夏にひんやりクールなドライスワッグ

花材・資材

プロテア'ロビン'／ニゲラ
ルリタマアザミ／アワ／ラベンダー
シルバーブルニア
スカビオサ'ステンクーゲル'
パールアカシア／ユーカリ・ニコリー
グレビレア'アイヴァンホー'

recipe；制作・高野のぞみ NP

夏は生花が持ちにくい、でも何か飾りたい。そんな時におすすめなドライフラワーのスワッグ。色がきれいな乾きたてのドライフラワー。同じ種類の植物でも、色合いは微妙に違う。なかでも淡い色のものを選んで涼しげに見えるようにデザインした。一緒に飾るインテリアで印象も変わる。

花材・資材
アジサイ／カニクサ　宿根スターチス　ゴアナクロー

recipe；制作・yu-kari

自分で育てたアジサイを使った、ふわふわと優しい雰囲気のリース。ほんのりとブルーが残ったアジサイはメインとして使用。一方、きれいなブルーが残った八重のアジサイはポイントに使用。自然な雰囲気に近づけるため、カニクサ、スターチスなどでふわふわと動きを出している。置いて飾ってもいいように、リースの横顔も意識して仕上げる。

紫陽花の爽やかリース

FILE 135 ドライフラワーのそれぞれの形

月桂樹とユーカリの香りに安らぐ

recipe ; 制作・GREENROOMS

庭で採れたゲッケイジュの枝をしならせてスワッグに。飾り方を思い立ち、コットンリボンで吊り下げた。ドライになるとボリュームがダウンするため、量感を持たせて制作するのがポイント。

花材・資材

ゲッケイジュ／細葉実付きユーカリ
グレビレア／アンブレラファーン
コットンフィリカ／ワイヤー
麻紐／コットンリボン

花材・資材
ノイバラの実／ワイヤー

recipe ; 制作・GREENROOMS

小さいながらも真っ赤に熟し、艶のある実の美しさを最大限に生かす。繊細な枝の動きもこのリースの魅力。リースベースは使用せず、短く切って小さく束ねたノイバラの実をワイヤーでつなげてリースに仕立てた。

FILE 136 ドライフラワーのそれぞれの形

真っ赤に色づく、小さな宝石

花材・資材
キングプロテア／ピンクッション パンパスグラス／ツルウメモドキ リューカデンドロン ユーカリ・グロボラス／グレビレア リバーシブルリボン／タイサンボク シースターファーン

recipe；制作・田部井 健一・Blue Blue Flower

和の花に固執することなく、ワイルドフラワーなど海外の花や実を中心に、少しだけ和のエッセンスを加えることで個性とインパクトある和装用ウェディングブーケに。一見ミスマッチのようなワイルドフラワーと枝物だが、キングプロテアの花びらの赤とツルウメモドキの実の赤のように、統一感を持たせることで全体にまとまりが出る。横に広がりを持たせず縦長に組むことで、花だけでなく衣装の良さも際立つ。

ワイルドフラワーを和で魅せる

FILE 138 ドライフラワーのそれぞれの形

recipe ; 制作・田部井 健一・Blue Blue Flower

「置いて並べる」という活け方。季節感を出してみたり、色の統一感を出すことで、伝えたいなにかを表現できる。空間をきちんと取り、メリハリをつけることで花の素材そのものの良さが際立つ。

| 花材・資材 | ピンクッション／ツルウメモドキ／オクラ／グレビレア／クレマチス／ハートポッド |

絵を描くように、自由に花を置いてみる

FILE 139 ドライフラワーのそれぞれの形

多色使いの、秋色リース

recipe ; 制作・田部井 健一・Blue Blue Flower

個性的な植物たちを詰め込んだリース。表面だけでなく、内側と外側にもきっちりと花材を詰め込み、上下左右どの角度から見てもキレイに見えるように意識することで、モコモコ感を出している。

| 花材・資材 | ピンクッション／プロテア／アジサイ／スパイダーガム／ツノゴマ／ブラックベリー／ユーカリの実／ユーカリ（テトラゴナ、グロボラス、銀世界）／グレビレア／ヘリコニア／ゲットウ／シルバーブルニア／ヒカゲカズラ |

ひな鳥を守る、優しいリース

花材・資材

コアラファーン／ギョリュウバイ
ユーカリ（ポポラスベリー、
テトラゴナ、コニカルガム、
グロボラス、他1種）
グレビレア／シルバーブルニア
ペッパーベリー／パンパスグラス
ゲットウ／クルミ／木の実
リース土台

recipe；制作・ルフルロン 中本健太

鳥の巣のように、無造作に作られているようで、じつは細やかに計算されている自然美に近づきたくて、たくさんの種類の葉と実を使い、丁寧に組み込んだ。巣の中のひな鳥を守るふっくらとした形状を再現するために、ギョリュウバイ、コアラファンで土台を制作。葉の形状がそれぞれ違うユーカリ、グレビリア、パンパスグラスで風の流れを。木の実はブラウンの渋い印象になりすぎないように、ペッパーベリー、シルバーブルニアのホワイトで明るい印象に仕上げた。

FILE 141 ドライフラワーのそれぞれの形

季節のアジサイリース

recipe ; 制作・hourglass 山下真美

きれいに色づいたアジサイをメインに、小さな実をところどころに入れている。アジサイの色や質感を生かし、シンプルにデザインした。

| 花材・資材 | アジサイ／ユーカリ／ビバーナム・ティナス／バーゼリア |

FILE 142 ドライフラワーのそれぞれの形

recipe ; 制作・大場ゆか / L'atelier du coeur

ドロップ型ベースに、ころころと丸くふわふわの集合体と、みつろうワックスサシェの壁掛け。ドロップ型バスケットのなかは、ヤマゴケやストローパイン、モスなどでふんわりさせ、花材は抜け感を出すため適度な量にしている。

| 花材・資材 | コットンフラワー／セントーレア／スターチス／アンバーナッツ／ブルーマリー／スターフラワー／モス／ヤマゴケ／エリンジウム／アンモビウム |

甘くふわふわの壁掛け

花材・資材
サンキライ ノイバラの実／トウガラシ ワタガラ／マツカサ

recipe；制作・LILYGARDEN・keiko

枝はボリュームを見ながら、二重三重のサークルにする。枝ツルの自然な形状を利用するため、少し歪んだサークルもデザインの一部として。トゲや小枝など、危険なところはハサミでカットする。お好みでマツカサなども加えて。

サンキライとノイバラのドライリース

紅白のお正月用ドライリース

花材・資材

サンキライ
ノイバラの実／トウガラシ
ワタガラ／マツカサ／水引き

recipe；制作・LILYGARDEN・keiko

正月用の場合は、紅白の水引きでリボンを作り、ワイヤーを付けて飾る。

FILE 145 ドライフラワーのそれぞれの形

静かな色合いで、素材を魅せる

recipe ; 制作・SiberiaCake

メディシンボトルのドライアレンジ。アイボリーやベージュ系の色の素材を使用。どの角度から見てもそれぞれの素材が生かされるようにレイアウトする。タンポポの綿毛が入るのでボトルに入れる順番をあらかじめ決めてデザインする。綿毛やフェンネルなどの繊細な素材を使えるのもボトルアレンジならでは。

花材・資材
ミズゴケ／ムタンバナッツ／タンポポ ペッパーベリー／ヤマイモのツル ノラニンジン／フェンネル ユリの実／チガヤ

recipe；制作・笹原りき

秋が深まったころに、赤ワインをプレゼントするためのデザイン。晩秋をイメージする色として、赤とブラウンをメインとした。こっくりとした雰囲気を大切にし、赤ワイン、花材、キャンドルを一体化させて、バスケットにたっぷりと活けるのがポイント。同時に、高低差をつけて奥行きのあるアレンジになるよう意識する。

花材・資材

バラ／マツカサ／ザクロ／ケイトウ
紅葉した葉／クルミ／ドングリ
ブラッチーシトン／アンバーパーム
バスケット／キャンドル／赤ワイン

FILE 146　ドライフラワーのそれぞれの形

もらって嬉しいプレゼントを花とともに

FILE 147
ドライフラワーのそれぞれの形

気高く澄んだ
ホワイトカラーを
ブーケに

recipe；制作・hourglass 山下真美

ドライフラワーにプリザーブドフラワーのカスミソウや羽を加えて作ったブーケ。スパイラルに組み、羽はグルーでつけた。ドライフラワーだけでは寂しくなりがちな時は プリザーブドフラワーと組み合わせて制作する。ドライフラワーもプリザーブドフラワーも、花の可能性を広げてくれた大切な存在。

| 花材・資材 | シルバーデイジー／ポアプランツ／ラグラス／レザーファン カスミソウ（プリザーブドフラワー）／羽 |

FILE 148 ドライフラワーのそれぞれの形

アイデア次第で、こんな飾り方も

recipe；制作・高野のぞみ NP

一度見たら忘れられないタッセル。アクセサリーのようであり不思議な生物にも見えてくる。壁にかけたり、天井から吊るしたりと色々な飾り方ができる。パーツを付ける部分のヘチマシェルのトゲは取り除いておく。ボラフラワーは糸でつなげているが、枝の部分から刺すと割れにくい。

花材・資材

パンパスグラス／ヘチマシェル
ルナリア／ボラフラワー／毛糸

FILE 149

ドライフラワー/それぞれの形

森の宝物を探しに

recipe ; 制作・高野のぞみ NP

冬の森はとても静か。日が差すと透けたり反射したり、植物が姿を変えて輝く。そんな森の様子をそっと標本に閉じ込めてみた。綿毛が取れないように瓶を斜めにして、ゆっくりとオイルを注ぐ。浮きやすい植物は、綿毛に絡ませて浮かないようにするのがポイント。

花材・資材

センニンソウ／オニドコロ
ノリウツギ

FILE 150 ドライフラワーのそれぞれの形

recipe；制作・高野のぞみ NP

キングプロテアとアージェンタムの凍りついたような質感と輝き。ドライでも変わらぬ美しさと存在感。制作ではキングプロテアとアージェンタムをワイヤーでしっかりと固定していく。サイドのワイヤーが見えないように、仕上げにアージェンタムの葉をバランス良く貼り付けるのが美しく仕上げるコツ。

花材・資材

キングプロテア
リューカデンドロン・アージェンタム
シルバーブルニア／フィリカ・プルモーサ
グレビレア 'アイヴァンホー'
パンパスグラス／シースターファーン

真冬のフローズンリース

FILE 151 ドライフラワーのそれぞれの形

recipe；制作・髙野のぞみ NP

霜で真っ白な朝。植物たちの霜をまとった姿がきれいだったのでドライフラワーで再現した。シルバーの光沢が美しいアージェンタムの葉がポイント。ハサミで大きさや形を整えてから使う。

| 花材・資材 |

リューカデンドロン（アージェンタム ブルモサム）／フィリカ・プルモーサ
スカビオサ'ステンクーゲル'
カシワバアジサイ／セルリア
ハスの実／ウンリュウヤナギ
ユーカリ（テトラゴナナッツ、ベルガムナッツ、ポポラスベリー）
スプレーブルニア／ルナリア
グレビレア（アイヴァンホー、ヨベル）
ドライアンドラリーフ
宿根スターチス'エバーライド'
パンパスグラス

霜をまとい、美しく輝く植物たち

FILE 152 ドライフラワーのそれぞれの形

インテリアに合う、小さなリース

花材・資材

ゲットウ／ユーカリ（アンバーナッツ）
トレリアーナ、テトラゴナ、グロボラス）
センニチコウ／ペッパーベリー
サンキライ／ブルニア／ニゲラ
スターリンジャー／タマラックコーン
ポラフラワー／ラグラス
アイスランドモス（プリザーブドフラワー）
キウイの蔓

recipe ; 制作・高野のぞみ NP

小さなリースはバスルームやキッチン、ワークスペースなどさまざまな場所に飾ることができる。好みの大きさに丸めたベースに、グルーガンを使って付けていく。細かな作業はピンセットを使って丁寧に。表や横から見た時にグルーが見えないように気をつける。

ちょっとしたギフトに添えるミニブーケ

FILE 153 ドライフラワーのそれぞれの形

| 花材・資材 |

エバーラスティング　ペッパーベリー
スカビオサ'ステンクーゲル'
リューカデンドロン'ジェイドパール'
シャーリーポピー／ルナリア
スプレーブルニア／パンパスグラス
宿根スターチス'エバーライド'／ラグラス
グレビレア'アイヴァンホー'

recipe; 制作・高野のぞみ NP

ホワイト系の植物でまとめてナチュラルな雰囲気に仕上げている。枝が折れやすいペッパーベリーや、ヘッドが安定しないエバーラスティングはワイヤーとグルー、フローラルテープなどを使って固定。グレーのサテンリボンは全体を引き締めつつ柔らかい印象に。

recipe；制作・荒金有衣

クリスマスを意識したキャンドルアレンジ。アンティークな器に似合うようにこんもりと四方見のラウンドに仕上げた。

花材・資材

トベラ　コニファー　ユーカリ
ビバーナム・ティナス　バーゼリア

クリスマスキャンドルのアレンジ

FILE 155

ドライフラワーのそれぞれの形

recipe ; 制作・toccorri

木の実やスパイスから、ほのかに自然の恵みの香りがする。ビーズやワイヤーを使って、木の実、ハーブをまとったボール、布の花など、パーツ一つひとつに手を加え、個性的に仕上げた。ハッカクやクローブ、シナモンにも華やかな化粧をして、キッチンでは見かけない表情に。全てのパーツにワイヤーをかけ、バランスを見ながらラウンドの形に組む。

花材・資材　ヒムロスギ／クジャクヒバ／ブルーアイス
　　　　　　（以上プリザーブドフラワー）
　　　　　　シダローズ／モクマオウ
　　　　　　バクリ／ブナ／ヤシャブシ／メタセコイア／ハッカク／シナモン
　　　　　　クローブ、ハーブのボール／バジル／マスタードシード
　　　　　　ポピーシード／布花（ローズ）／リボン2種／ビーズ／ワイヤー

視覚と嗅覚で楽しめる、ぜいたくなリース

recipe；制作・高野のぞみ NP

花材・資材
サンキライ／オレンジ／シナモン マツカサ／コニファー／リースベース リースワイヤー

サンキライをたっぷり詰め込んだ。蓋を開けるとシナモンとオレンジ、コニファーの香り。まるでケーキの箱を開けた時のようなワクワク感に包まれる。クリスマスから正月、その先も長く楽しめる。実付きのよいサンキライを使うときれいに仕上がる。素材によっては、大きさやカラーが微妙に違うので、デコボコ感やグラデーションを楽しみながら制作した。

FILE 156 ドライフラワーのそれぞれの形

定番商品のサンキライリース

コットンに刺繍を施したような

recipe；制作・高野のぞみ NP

寒い冬に心がほっこりとあたたかくなる。モコモコの質感や優しい色合いがとっても可愛いらしい。コットンを丸くまとめて土台に付けていく。まとめるのにコツがいるので、ラムズテールや綿殻などを支えにするのがポイント。

花材・資材

コットンフラワー／ダスティーミラー
ラムズテール

真冬のホワイトリース

recipe ; 制作・荒金有衣

ホワイトな花材だけで作った、真冬のホワイトリース。細かくバランスよく立体的に。繊細に、隙間なく花材を埋め、真っ白だけど、奥行きのある深みのあるバランスに仕上げた。

| 花材・資材 | アンモビウム・アナファリス／ローダンセ／ブルニア／ペッパーベリー／スターチス |

FILE 158　ドライフラワーのそれぞれの形

FILE 159 ドライフラワーのそれぞれの形

季節感たっぷり、リースキャンドルフォルダ

花材・資材

パンパスグラス／宿根スターチス
'ブルーファンタジア'
ソリダコ／ソーラーローズ
バラの葉／リース台

recipe；制作・Lee

ふさふさ感を活かしたゴージャスな雰囲気のリースキャンドルフォルダ。ワイヤリングしたパンパスグラスをリース台の上下にバランスを見ながらつけていき、ボリュームを出す。キャンドルの向こう側に見えるパンパスグラスは手前よりも少し高さを出すことで、真正面から見たときに立体感や動きが出る。本物のキャンドルはパンパスグラスが燃える可能性があるので、LEDキャンドルの使用がおすすめ。

A COLLECTION OF IDEAS
DRIED FLOWERS

植物生活

CHAPTER 03

indivisuals

本書にて掲載した各作家を紹介。
それぞれの活動や、インスピレーションの源。

並びは順不同

A harusame

髪とパール。

———— アー ハルサメ ————

profile ; 生け花歴 15 年の帽子作家、兼 フローリストとして、植物から恩恵を受け日々を送る。なんちゃって農業を始めてまだ 3 年。将来のプランを多々仕込み中だが、要領を得ない未熟者ゆえ、1 日 29 時間システムを模索中。

creative tips ; 呆れるほどのミーハー精神と、ジャンルを問わない美とウィットと美味しさへの探究心がクリエイションの源。

掲載ページ		p102
植物生活ページ	https://shokubutsuseikatsu.jp/users/Aharusame/	
連絡先		

GREENROOMS

荒井典子

Noriko Arai

profile ; 学生時代より、フラワーアレンジを学ぶ。現在は自宅アトリエでプリザーブド、アーティフィシャルフラワーを中心にオーダーメイド、レッスンなどの活動をしている。
植物生活ハーバリウムフォトコンテスト 優秀賞
植物生活グリーンデザインフォトコンテスト 優秀賞

creative tips ; オーダーメイドの注文の場合は、場所、人、用途、好きなものなどをなるべく詳しく伺い、依頼主とイメージを共有する事を大切にしている。イメージが決まったら、運転中、買い物中、料理中、寝る時など、いつも頭の片隅でデザインを考えている。花材からデザインを思いつく事も多い。

掲載ページ	p087,088,158,159
植物生活ページ	https://shokubutsuseikatsu.jp/users/greenrooms/
連絡先	greenrooms77@gmail.com

荒金有衣

Yui Aragane

profile ; 趣味ではじめたフラワーアレンジメントも、現在 9 年目。東京・西荻窪にアトリエを持つ、オルテンシアアズールの生徒。アレンジメントの中でも特にリースが大好きで、フローラルフォームに花を挿し、だんだんとラウンドになっていく過程にいつも感動する。

creative tips ; フローラルフォームには、直感で花を挿す。細かくバランスよく挿していくことでその先のイメージが湧いてくる。フラワーアレンジメントはいつも小さな庭を作っているイメージ。

掲載ページ	p059,064,086,094,101,177,181
植物生活ページ	https://shokubutsuseikatsu.jp/users/u1phoneu1phone/
連絡先	u1phoneu1phoneu1phone@gmail.com

ずんちゃろ

zuncharo

profile ; 農業高校でフラワーデザインを学び、花屋を目指している。花の市場で修行中。
植物生活フォトアワードドライフラワーデザイン 優秀賞

creative tips ; 直感的にかわいいと思えるものを作る。

掲載ページ	p098,100,130	
植物生活ページ	https://shokubutsuseikatsu.jp/users/An0831zu/	
連絡先	instagram @zun831	

エス センス キャンドルズ

―― *s-sense-candles* ――

profile ; ヴォーグ学園キャンドルマイスター。カラーコーディネーター。ヨーロッパ在住中に、生活に寄り添うキャンドルに出会い、制作にのめり込む。温かいキャンドルに触れたり、香りや色遊びに癒されたり、草花をアレンジしたり、五感 -sense- で愉しむキャンドル作りの時間を伝えたいと思いキャンドル教室を開講。

creative tips ; 毎日の暮らしの中で、愛着のあるものが目に留まると気持ちが潤う。それを軸にしながら、飾る場所を想像したり、贈る相手をイメージしたり。インスピレーションのヒントは自分の暮らしにある。

掲載ページ	p111
植物生活ページ	https://shokubutsuseikatsu.jp/users/TM999/
連絡先	https://s-sensecandles.wixsite.com/ssensecandles instagram @s_sense_candles

大木 靖子
Yasuko Oki Floral Design

— *Yasuko Oki* —

profile ; ノルウェー、オスロ在住。ヨーロッパで花くばりの講習会、ノルウェーで茶道の講習会やお茶会を開催。お花の研修旅行も手がける。日々、自分らしい作品を制作し『International Floral Art』(Stichting Kunstboek 社刊) などで発表している。ドイツ国家認定フロリストマイスター、マミフラワーデザインスクール講師、表千家講師、日諾協会理事

creative tips ; 自然の美しさに触れた時の感動を植物に託して表現する。例えば、心地良い風を感じたら、それを表現するのにふさわしい植物を探し、構成、形、色、テクニック、器の有無、作品の背景などを考慮し作品を制作する。

掲載ページ	p103,104,119,133
植物生活ページ	https://shokubutsuseikatsu.jp/users/FlowerTeaOslo/
連絡先	Blog ameblo.jp/hanayasuko Facebook facebook.com/yasukookifloraldesign

大場 ゆか

L'atelier du coeur

Yuka Oba

profile ; 花を中心にアロマを取り入れ、植物の自然の恵みから五感に働きかける。眼で見て香りに癒される「花と香りのある暮らし」L'atelier du coeur 主宰。
過去にフラワードリーム・IFEX プリザーブドフラワーコンテスト 複数入選
植物生活ハーバリウムフォトコンテスト 優秀賞

creative tips ; 素材を活かすことを第一に、おしゃれや癒しに繋がる花材を組み合わせる。映像や雑誌などから感じることも。

掲載ページ	p165
植物生活ページ	https://shokubutsuseikatsu.jp/users/florist7/
連絡先	fb m.facebook.com/latelier.ducoeur/ instagram @latelier.ducoeur

株元 昭典

frostcraft

―― *Akinori Kabumoto* ――

profile ; 長崎県在住。2017年より本格的にドライフラワー作りを始め、はじめはナチュラルドライフラワーを制作。その後、エンジニアだった経験を生かし真空凍結乾燥機を使ったフリーズドライフラワーを量産、2018年にドライフラワー専門店「frostcraft」をオープンし、花材の販売とリース、スワッグなどの制作を行っている。

creative tips ; 花材を見ているとイメージが湧いてくるので、なるべくたくさんの種類を扱うようにしている。ほとんどのスワッグ、リースはオーダーを頂いて制作するため、お客様とお話ししながら花材を合わせたりする中でイメージができていく。

掲載ページ	p096,117,144
植物生活ページ	https://shokubutsuseikatsu.jp/users/frostcraft/
連絡先	frostcraft@ab.auone-net.jp instagram @frost_craft921

Charis Color 前田悠衣

Yui Maeda

profile ; 色彩心理学、パーソナルカラーなどを使い、オーダーメイドで世界に1つだけのアレンジメントや花束を制作。本田技研工業株式会社の創業者である本田宗一郎氏の書斎に宗一郎氏のイメージで作ったアレンジメントを納品するなどの経歴を持つ。現在では地域創生の一環として子供達に花のアレンジメントを教えたり、人材育成を行なっている。

creative tips ; 映画、ドラマ、漫画、美術鑑賞、人との会話。

掲載ページ	p120
植物生活ページ	https://shokubutsuseikatsu.jp/users/chariscolor/
連絡先	instagram @yui_maeda31

菅野 彩子

Fleursbleues/Coloriage

Ayako Kanno

profile ; 『花籠もり、彩りの日々』プリザーブドフラワー、プリザーブドグリーン、ドライフラワーで作った作品を販売している。Fleurs bleues / Coloriage(フランス語)のフルールブルーは青い花、コロリアージュは彩りや塗り絵という意味。『ありがとう』や『おめでとう』のあたたかい想いを花にのせ、自分自身や大切な方の日常に優しい彩りをプラスして、笑顔が増えるためのお手伝いが出来たら、という思いから名付けた。

creative tips ; 旅先で出会った風景、彩り豊かなスイーツ、沢山の人が訪れる美術館の絵画、アンティークの壁紙、記憶に残っている美しい物全てがインスピレーションの元になっている。

掲載ページ	p075,076,143
植物生活ページ	https://shokubutsuseikatsu.jp/users/bosuokura/
連絡先	mille-fleurs@mille-fleurs.biz

黒田 望

― *Nozomi Kuroda* ―

profile ; 小さい頃から母親の影響で花に触れる事が多かった。文化服装学院を卒業後、ロンドンへ約一年間留学し、語学を学びながら趣味である絵や写真に没頭した。現在はグラフィックデザイナーとして勤務しながら趣味でアクセサリー、ドライフラワーの製作をしている。

creative tips ; 普段街中に歩いているときに常に周囲にアンテナを張り、何か発見が無いか探している。人との会話の中や映画のワンシーンなどからもアイデアが湧くことも多い。

掲載ページ	p039,125
植物生活ページ	https://shokubutsuseikatsu.jp/users/11050910/
連絡先	channonburton@gmail.com instagram @k.chankro

Koko

———————— ココ ————————

profile ; インスタグラムや植物生活のサイトにてフラットレイスタイルで、花とうつわにこだわった作品を日々発信。企業の広告など多数手がける。ドライフラワーを使ったプロダクトが人気。

creative tips ; いつも季節の花が身近にある、華道家である主人のいけばなから刺激を受け、非日常的なおとぎ話のような世界観を作り上げる。また「The secret rainbow path」"秘密の虹の小道がもしあるならば"をコンセプトに、花を使って表現している。

掲載ページ	p108,109,112
植物生活ページ	https://shokubutsuseikatsu.jp/users/koko/
連絡先	Instagram @koko_secretrainbowpath

堺 海

hwlife

― *Kai Sakai* ―

profile ; 一般社団法人クレア認定スクール&ホームサロンhwlifeオーナー兼フラワーデザイナー。東京都東大和市を中心にハーバリウムやフラワーアレンジメントの講師として活動している。

creative tips ; 一目見て「可愛い」と思えるような、自由な色使いで固定概念にとらわれないデザインを目指している。

掲載ページ	p115
植物生活ページ	https://shokubutsuseikatsu.jp/users/hwlife/
連絡先	instagram @salon.hwlife

笹原 りき

フラワースタジオ マイフェアレディ

Riki Sasahara

profile ; 東京自由が丘で、マイフェアレディを主宰。「贈り物にできる作品をつくる」をコンセプトにフラワーレッスンを行う。会社員時代に趣味でフラワーアレンジメントを習い始め、その後ロンドンに留学。花とインテリアデザインを学ぶ。英国王室御用達花店、皇室御用達五つ星ホテル内花店などで修業をかさねる。

creative tips ; 街中で見るファッション、料理、インテリア、アートなどの色合わせがヒントになることが多い。また、海外の雑誌なども、自分の引き出しが多くなるよう、見ることを心がけている。

掲載ページ	p131,169
植物生活ページ	https://shokubutsuseikatsu.jp/users/myfairlady/
連絡先	bloom@myfairlady-flowers.com

小原 絵里子

Siberia Cake

Eriko Ohara

profile ; 2001年 ナチュラルドライのリース、アレンジ制作のＨＰを立ち上げ、植物の色・形を大切にした作品を制作。実店舗はなくネットショップのみの営業。

creative tips ; 自然の造形と海外のインテリア。

掲載ページ	p033,061,126,168
植物生活ページ	https://shokubutsuseikatsu.jp/users/siberiacake/
連絡先	https://www.siberiacake.com

鈴木 由香里
yu-kari

—— *Yukari Suzuki* ——

profile ; 小さな庭に、大好きな紫陽花やユーカリを育てている。大切に育てた花たちをより長く眺めたいので、収穫してドライにし、リースやスワッグにして飾る。普段の暮らしにさりげなく寄り添えるように、優しい色合いで自然な雰囲気になるように心がけている。

creative tips ; yu-kari の庭。好きな花をぎゅっと詰め込んだ庭が、花生活を支えている。

掲載ページ	p085,097,157
植物生活ページ	https://shokubutsuseikatsu.jp/users/yu-kari/
連絡先	instagram @yukarioniwa

瀬川 実季
MIKI

―― *Miki Segawa* ――

profile ; 東京のとある花屋でアルバイトをしている学生。大学では造園を学び、個人的にはドライフラワーを中心に作成。花を通して、一人一人のシーンの印象を彩りたい。そんな想いを胸に、日々さまざまな経験をくれるお客様やスタッフに感謝しながら活動している。

creative tips ; 日々の生活の中から湧いてくるもの。アルバイトや、学生生活、家族と過ごしている時に交わした会話や、見た風景、学んだことが、自然と形になっていると感じる。

掲載ページ	p056,092
植物生活ページ	https://cms.shokubutsuseikatsu.jp/users/atosca-12/
連絡先	

高瀬 今日子

kyoko29kyokolily

Kyoko Takase

profile ;   Nフラワーデザインインターナショナル インストラクター。華道からフラワーアレンジメントまで幅広く手掛けています。Instagramでは花とコーヒーの写真を出しています。

creative tips ;   花の美しさや可愛らしさを引き出したいと思いながら制作している。美術館や歌舞伎、旅行で美しい物、景色を見て感動する事がインスピレーションの源。

掲載ページ	p077
植物生活ページ	https://shokubutsuseikatsu.jp/users/kt1010329kt/
連絡先	instagram @kyoko29kyokolily

高野のぞみ

NP

Nozomi Takano

profile ; 2008年渡英。語学とフローラルデザインを学ぶ。2015年結婚を機に帰国、拠点を長野に移す。ロンドンならではの多様な人種や文化から得た経験と、長野の美しい自然をミックスさせた、どこか印象的でストーリー性のある作風を心がけている。植物という生きたアートに興奮したのが全ての始まり。

creative tips ; 一言では言えないが、自然界の中ではもちろん、アートや音楽、ファッションやアクセサリーなど、ときめく物事に出逢った時。

掲載ページ	p024,030,031,034,040,041,042,043,044,048 049,050,051,052,063,065,066,067,071,072 080,084,089,093,116,139,140,142,148,151 153,154,156,171,172,173,174,175,176,179,180
植物生活ページ	https://shokubutsuseikatsu.jp/users/nonpan123/
連絡先	instagram @nonpan123

田部井 健一

Blue Blue Flower

Kenichi Tabei

profile ; 愛知県岡崎市のフラワーショップ「Blue Blue Flower」オーナー。「EARTH COLORS」代表。都内フラワーショップ勤務のち、大手ブライダル企業フラワー部門のマネジメント経験を経て、2017年に独立。「Blue Blue Flower」をオープン。ウェディングフラワーを主として活動する一方、ドライフラワー作品のファンが非常に多く、ギフトやディスプレイのオーダーも数多く手掛ける。植物生活 BOTANICAL PHOTO AWARD 優秀賞

creative tips ; 自由な感覚で素材と向き合うこと。花の形や色だけでなく、質感、うねり、横顔や後姿、そして朽ちゆく姿…。柔軟に向き合うことでプラスαの表現ができる。

掲載ページ	p027,037,047,058,069,160,161,162
植物生活ページ	https://shokubutsuseikatsu.jp/users/blueblueflower/
連絡先	www.blueblue-flower.com instagram @blueblue_flower

toccorri

―― トッコリ ――

profile ; 2017年より、リース作家として活動を始める。現在、ハンドメイドサイトやイベントを中心にリースやコサージュの販売、不定期にてワークショップを開催し活動中。植物生活フラワーリースフォトコンテスト　優秀賞。植物生活ボタニカルフォトアワード　ホワイトデザイン　優秀賞

creative tips ; 身の回りのあらゆるものからヒントを得る。特定の花や木の実であったり、ひとめぼれしたリボンであったり、子供が着ている洋服の色であったり、季節など。ピンときたものを主役に置いて、脇を固める素材や色合わせを妄想し、作るもののイメージを固めていく。

掲載ページ	p082,083,135,178
植物生活ページ	https://shokubutsuseikatsu.jp/users/toccorri/
連絡先	instagram @toccorri

野沢 史奈

Fumina Nozawa

profile ; 植物生活フォトアワードドライフラワーデザイン 優秀賞
植物生活ボタニカルフォトアワードホワイトデザイン 優秀賞

creative tips ; 自然の風景や日常、写真、ファッション誌。

掲載ページ	p110
植物生活ページ	https://shokubutsuseikatsu.jp/users/237s/
連絡先	instagram @237_nok

HISAKO
FLOWER-DECO.Brilliant

―― ヒサコ ――

profile ; 大手有名ホテルブライダルフラワーコーディネーター、フラワーショップを経験後フリーランスに。現在札幌、大阪にてフラワー全般、企業様卸販売にて活動中。

creative tips ; 自分が欲しいものかどうか。どんな場所で、どの様に見せるのかをイメージ化する。インテリア雑誌などで空間イメージを膨らませる。

掲載ページ		p095
植物生活ページ		https://shokubutsuseikatsu.jp/users/hisa0501/
連絡先		http://flower-deco-brillianti.jp fb FLOWER-DECO.Brilliant

hiromi

——— ヒロミ ———

profile ; レコード会社勤務の傍ら『お花のある暮らし』を伝えたいと、フラワーデザイナーとして活動。ナチュラルな草花や蕾、つる性植物を使った、ふんわりとした柔らかなスタイルと独自の世界観で人気を集め、完全紹介制ながらオーダーは常に三ヵ月待ち。
植物生活フォトコンテスト 他、受賞歴多数。

creative tips ; 道端に咲く草花や器や雑貨、インテリア、ファッション、日常に出会う心惹かれる全てのものからインスピレーションを受け、日々を色どり、心を癒し、笑顔を運んでくれる『お花』のある暮らしを楽しんでいる。

掲載ページ	p074,106,113,137,138,141,146,155
植物生活ページ	https://shokubutsuseikatsu.jp/article/column/columnist/4828/
連絡先	instagram @hiromibloom

深川 瑞樹

ハナミズキ

Mizuki Fukagawa

profile ; 人の気持ち、心を 花に託すこと。佐賀県佐賀市にて、今日も今日とて花仕事。咲き誇る姿も朽ちてゆく姿も、花を愉しむことを丁寧に、大切にと心掛けて。

creative tips ; 花を通じて出会う人たちの、様々な考え方や、感覚。ストレートに、花姿を見つめて浮かぶイメージ。目にする景色や自分の体験。

掲載ページ	p028,038,053,123,124,127
植物生活ページ	https://shokubutsuseikatsu.jp/users/hana_mizuki/
連絡先	instagram @hanamizuki_saga fd @ ハナミズキ

FLOS

―― フロース ――

profile ; 高校生の頃に習い始めた華道がきっかけで花が大好きに勉強を始めた。のち、ドライフラワーに魅了され、2014年より本格的にドライフラワーやプリザーブドフラワーを使用したリースなどの委託販売、オーダー販売をスタート。2児の子育てをしながら、自然に囲まれたのどかな場所にある自宅で制作している。

creative tips ; 今まで自分自身が培ってきた経験から、オーダーしてくださる方や、その空間に合うよう創造する。

掲載ページ	p150
植物生活ページ	https://shokubutsuseikatsu.jp/users/chiha0215/
連絡先	instagram @flos_2014

眞木 香織

華屋・リンデンバウム

—— maki kaori ——

profile ; 東京の生花店に十数年勤務し装花技術を修得。その後、郷里の山形に戻り生花店に勤務の後、多くの方に花を愉しみ作る愉しさを一緒に感じ、花を生活の中に取り入れてほしいと思い『華屋・リンデンバウム』を立ち上げた。現在、山形を拠点にワークショップや作品の販売を東北、首都圏で行なっている。

creative tips ; 毎日の生活のなかで、山や川、行き交う人に多くの刺激をうけ多くの人に届けたいという想い。贈る人や受けとる人の作品を手にした時の笑顔を思うと、それだけで、ワクワクドキドキ作る愉しさが、私をかきたてる。

掲載ページ	p091,147
植物生活ページ	https://shokubutsuseikatsu.jp/users/hlindenbaum/
連絡先	cmk0216@i.softbank.jp

mayu32fd 高橋 繭

― *Mayu Takahashi* ―

profile ; グラフィックデザイナー。多摩美術大学デザイン学科卒業後、デザインプロダクションに勤務。2005年頃より華道家主宰の花教室で活け花を学び師範を取得。2012年、西荻窪「ギャラリー MADO」にて個展。現在はフラワーショップ主宰のブーケレッスンに通いつつ、個人的な活動として花の作品をインスタグラム、ホームページに掲載。また、植物生活サイト内にも写真を掲載中。

creative tips ; 自分が美しい、面白いと思ったものは何でも。それは道端にひっそり生える草花だったり風景だったり、絵画や映像、何気ない誰かの言葉だったり。

掲載ページ	p107,134,136
植物生活ページ	https://shokubutsuseikatsu.jp/users/mayu32/
連絡先	instagram @mayu32fd

三木 あゆみ

― *Ayumi Miki* ―

profile ; 　兵庫県生まれ。2009年に愛知県窯業技術専門校を卒業。2012年、多治見市陶磁器意匠研究所 修了。多治見市内で作家活動を始める。2013年より地元兵庫で活動を始める。現在、神戸市内にて作陶中。

creative tips ; 　ホッとする形や質感、どこかあたたかさを感じるものを制作している。手作業を大事にし、一つ一つ大切に。

掲載ページ		p114
植物生活ページ	https://shokubutsuseikatsu.jp/users/ayumi_potter/	
連絡先		

八木 香保里

Kahori Yagi

profile ; 1974年 京都府生まれ。生活の場に出合う身近な景色や人物、動植物などに被写体を絞るスタイルで撮影している。主に自身の生活圏内で撮影することから、実際に暮らす街や実家のある京都市内を写した作品も多く制作している。東京都在住。

creative tips ; 喜怒哀楽すべての感情を受け入れること。

掲載ページ	p132
植物生活ページ	https://shokubutsuseikatsu.jp/users/yagi_kahori/
連絡先	yagikahori.wixsite.com/photography

山下 真美
hourglass

—— *Mami Yamashita* ——

profile ; 花屋やフラワー教室の勤務をしながら技術やフラワーデザイナーの資格を取得。教会内のブライダルフラワーの制作をしながら、オーダーメイドでの販売やカフェでのワンデイレッスンを行っている。

creative tips ; よりシンプルに、ナチュラルに。いつもの暮らしに溶け込むように。そして私らしく。

掲載ページ	p029,105,121,122,145,149,164,170
植物生活ページ	https://shokubutsuseikatsu.jp/users/hourglass/
連絡先	Instagram @hourglassm

山本 雅子

保のか

Masako Yamamoto

profile : 山口県光市生まれ。祖母が華道の師範であったこともあり、幼少期より自然やお花に慣れ親しみながら育つ。大手出版社、地元 PC 関連会社で OL 生活をした後、市内生花店オーナーと出会い、約 9 年修行。のち、独立。現在「保のか」として 1 人花屋を営む日々。

creative tips : 幼少期より慣れ親しんだ地元、山口県の自然の豊かさに影響を受ける。仏像拝観が趣味。花屋修行時代からのジャンルを問わないたくさんの出会いで、多様な考え方を学ぶ。お花とともに、日々心豊かに。

掲載ページ	p025,026,118
植物生活ページ	https://shokubutsuseikatsu.jp/users/73honoka/
連絡先	

Lee

Lee Love Life

——— リー ———

profile ; 　海が見える神戸の街で小さなアロマサロンを経営。アロマ、ハーブ、花、植物に囲まれて生活しているうちに自然と、花の癒しをたくさんの人に届けたいという想いが強くなりリースの販売を始めた。部屋に飾ると心がふわっと癒されるような優しい作品をメインに制作する。

creative tips ; 　優しい色、可愛い色、気品のある色。作品を受け取ってくれる人の心の色を感じとって作品で表現している。

掲載ページ	p078,079,182
植物生活ページ	https://shokubutsuseikatsu.jp/users/lalalalee/
連絡先	petitlapin6686@gmail.com

riemizumoto

―― リエミズモト ――

profile ; アメリカ留学帰国後、ホテルマンとして勤務。ホテルでのクリスマス装飾を見て心が動かされた事をきっかけにフラワーデザインを学びはじめる。2006年より金沢、東京にて外資系ホテル、ゲストハウス、レストランを中心にフラワーコーディネーターとして経験を積む。2014年「自然と共に人の思い出に残る空間作り」をテーマに石川県金沢市にて独立。

creative tips ; 植物自体の質感や形を見て、その個性を生かせるような作品を作るよう心がけている。

掲載ページ	p046,062
植物生活ページ	https://shokubutsuseikatsu.jp/users/plusnatura/
連絡先	instagram @m.rie_wedding

LILYGARDEN

———— リリーガーデン ————

profile ; 2013年川崎にてフラワー教室"リリーガーデン"開校。その後、田園調布に移転。2015年より横浜元町近くにてレッスンを行う。また、ブライダル関係やギフトのオーダー、サロンや飲食店など店舗用アレンジメントの販売も行っている。LILYGARDENでは、自ら海外で購入したリボンを取り入れたアレンジが特徴的。植物生活ハーバリウムフォトコンテスト 優秀賞。

creative tips ; 上品な生地や配色のリボンを手に入れる事が出来た時、お互いに活かし合うお花やアレンジが浮かぶ。

掲載ページ	p081,166,167
植物生活ページ	https://shokubutsuseikatsu.jp/users/LILYGARDEN/
連絡先	lilygarden.k@gmail.com Instagram @ lilygarden.yokohama

ルフルロン 中本健太

Le Fleuron

Kenta Nakamoto

profile ; 花を飾り、植物を傍に。言葉をもたない花や植物の沢山の魅力を伝えていけたら。広島県在住。店舗をもたず地道に活動。花と植物への想いをひたむきに、時間がかかってもゆっくりと少しずつ形にしてゆきたい。ひとつひとつ丁寧に、やさしさをそっと添えて制作している。

creative tips ; 自然をそばに感じた時。土や草に触れる、山や川辺を歩く、月や星を眺める、風の音、雨や雪の姿…日常にある自然と一体化していると感じた瞬間に、ふとインスパイアされる。

掲載ページ	p032,035,036,045,054,057,060,068,090,099,128,129,152,163
植物生活ページ	https://shokubutsuseikatsu.jp/users/lefleuron/
連絡先	instagram @le_fleuron

鷲尾 明子

flower atelier Sai Sai Ka

Akiko Washio

profile ; 庭好きの母親の影響で幼少期より植物に囲まれて育つ。大学では植物について専門的に学び、園芸業界に就職。子育てを機にフラワーアレンジの資格を取得。2015年岡山市に店舗兼アトリエをオープン。近年は自身で染色加工したプリザを使い、店舗やライブイベントなどの空間装飾にも力を入れている。

creative tips ; 素材となる植物の持つ色や質感から、作品の世界観をイメージして制作する事が多い。また、今回の作品はお気に入りの音楽の歌詞や音色をモチーフにしている。

掲載ページ	p055,070,073
植物生活ページ	https://shokubutsuseikatsu.jp/users/saisaika/
連絡先	instagram @saisaika_flower

植物生活とは
what's about

「植物はなにげなく、いつもわたしのそばに。わたしとあなたの日常にある植物」を
コンセプトとした情報サイトです。

専門家による楽しいコラムや、フラワーデザインのためになる記事が満載。また、全国の選りすぐりのお花屋さんも掲載しているので、お気に入りのお花屋さんが見つかります。 だれでも自分が育てた植物や、作ったフラワーアレンジメントなどが投稿でき、そのほか、各種コンテストや花のなんでも相談室もあります。ストアでは、贈答用のギフトから、花の定期便、人気作家の商品やオリジナルブランドの花の販売も行なっています。

https://shokubutsuseikatsu.jp

A COLLECTION OF IDEAS
DRIED FLOWERS

カバー写真：高野のぞみ（NP）
編集：瀬尾美月
デザイン：高梨仁史（debris.）
植物名校正：櫻井純子（Flow）

植物生活BOOKS

ドライフラワーの活け方

NDC　793
2019年 5月21日　発　行
2020年12月15日　第 2 刷

編集：植物生活編集部
発行者：小川雄一
発行所：株式会社 誠文堂新光社
〒113-0033　東京都文京区本郷 3-3-11

［編集］　電話 03-5800-8351
［営業］　電話 03-5800-5780
https://www.seibundo-shinkosha.net/

印刷：株式会社 大熊整美堂
製本：和光堂 株式会社

©2019 Seibundo-Shinkosha Publishing Co., Ltd.
Printed in Japan

検印省略　万一落丁、乱丁本は、お取り替えいたします。本書掲載記事の無断転用を禁じます。また、本書に掲載された記事の著作権
は著者に帰属します。これらを無断で使用し、展示・販売・レンタル・講習会等を行なうことを禁じます。

本書のコピー、スキャン、デジタル化等の無断複製は、著作権法上での例外を除き、禁じられています。本書を代行業者等
の第三者に依頼してスキャンやデジタル化することは、たとえ個人や家庭内での利用であっても、著作権法上認められません。

JCOPY　＜（一社）出版者著作権管理機構 委託出版物＞
本書を無断で複製複写（コピー）することは、著作権法上での例外を除き、禁じられています。本書をコピーされる場合は、
そのつど事前に、（一社）出版者著作権管理機構（電話 03-5244-5088 ／ FAX 03-5244-5089 ／ e-mail:info@jcopy.or.jp）
の許諾を得てください。

ISBN978-4-416-61987-2